世界は夢組と叶え組でできている

桜林 直子

ダイヤモンド社

もくじ

自分の中の「夢組」と「叶え組」……141

「夢組」と「叶え組」の話

夢はなくとも、地図を描く

「夢」をもてないことは欠損だと思っていた。

「おとなになったら何になりたい？」「やりたいことはなんですか？」という質問に、いつもどれだけ考えても「ないんです」としか言えない。あるべきものがないのか、あるけど見えていないのか、わからないけどとにかく自分の中に見つけることはできなかった。足りないのは計画性か、それとも想像力かと悩んだりもした。

おとなになっても、仕事や生活に特別不満があるわけではないけれど、ぴったりフィットしている快適さも、ばっちり目が合っている安心感もない。時間を忘れて没頭するほど夢中にもなれない。かといって他にやりたいことがあるわけでもない。そもそもやりたいことってなんだっけ……？

何かがちがうことだけはわかるけれど、何がちがうのかはぜんぜんわからない。ああ、わたしは誰、ここはどこ、仕事って何？　と迷子になった経験はないだろうか。わたしは、ある。

中学2年生のとき、「将来の夢」の作文が書けなかった。

夢は設定するものではないし、世の中にどんな職業があるのか知らないからまだ決められないと思っていた。それに、書くことには力があるから、書いたら自分を暗示にかけてしまうので、まだわからないうちに書きたくないとも思っていた。

その言い分は、半分は正しくて、半分はまちがっていた。

そのときに知っている数少ない中から選んで固定してしまうと、それ以上視野が広がらないから、もっといろんなことを知ってから決めたほうがいいよねとも思うし、まだ出合っていない可能性のために出し惜しみをして一歩も動けないよりも、思い込みでもいいから将来を想像して自分を調子に乗せてすすんだほうがいいよとも思う。

たぶん、わたしに足りなかったのは、自分の将来は良いものだと思い込む力と、自分を楽しませるために調子に乗る力だった。

両親が働く姿を見て、なんとなく仕事はおとなを苦しめるイヤなもので、働くのはつらいことだと感じていたので、将来について考えるときにワクワクと明るいものを見ていなかった。「調子に乗るな」「勝手なことをするな」といつも言われていたので、自分の好きなことをしてもいい、自分で決めてもいいと思っていなかったのだろう。

中学生のわたしは、勉強や部活、人間関係に対してもどういうわけかがんばるとか努力するとは何かをガマンすることだと思っていて、楽しいことや好きなことを続けた先に仕事があるとは思いつきもしなかった。

おとなになってからわかったことがいくつかあって、ひとつは、「これをするぞ」と決めてすすめる人と、すすみながら見つけていく人がいるということだ。

ゴールの設定を先に決めて旗を立て、そこに向かって道をつくってすすめる人、つまり夢がもてる人は、まだ見ぬ何かが自分のために良いものだと思えて、未来は自分を受け入れてくれると信じることができる。宝島はあるのだと信じて、行き先までの地図を描ける。

すすみながらやることを見つける人は、まだ見ぬ何かよりも、目の前にあるものに対して何を思うかで判断をしている。どこに向かっているかはわからないけど、その都度いい匂いがするほうへとすすみ、ひとつひとつ好きな方向を選んですすむ。その結果、歩いた記録をあとから振り返るとそれが地図になっている。

夢がもてないとしても、すすんでいたらちゃんとその先に「これが欲しい」「これをしたい」と思えるものが「ある」と信じることが大事なのだと思う。目の前のことにちゃんと向き合って判断しながらすすんでいたら、逃げずに正直に歩いていたら、広場があるよ。そこに着いたらわかるよ。と、言い聞かせてすすむしかない。

宝島への地図が手の中になくても、今この瞬間も新しい地図をつくっていると信じてすすむ「夢」がもてないわたしたちは、想像力の欠損どころか、だいぶロマンチストなのだろう。

とはいえ、すすんでいる過程で「何かがちがう」「ここじゃない」と感じたときに、「やりたいこと」や「目標」がない場合、何を基準にどう動いたらいいのだろうか。未来が見えないとき、何を見て決めたらいいのだろうか。どうしてやりたいことが湧いてくる人と湧いてこない人がいるんだろうか。

そんな疑問が次々と出てきたので、過去の地図を振り返るようにちょっと考えてみる。

世界は「夢組」と「叶え組」でできている

「やりたいことがある人」と「やりたいことがない人」について考えてみる。

わたし自身は「やりたいことがない人」で、洋菓子業界で会社員として12年間勤めたあと、2011年に独立してクッキー屋「SAC about cookies」を経営しているのだけど、それは「やりたかったこと」や「夢」ではない。

お店を始めたのは、シングルマザーが子供と生活するのに「お金と時間がない」ことで困るのがイヤだから。困らないために、自分のできることから消去法で削り出した手段で、どちらかというと「この方法しかないからしかたないな……」と始めたことだ（始めたからにはちゃんとやっていて、しぶしぶやっているわけではないという言い訳も念のため）。

「自分のお店をもつ」といっても、会社員のときからずっとお菓子をつくること以外のお店の運営の仕事をしていたので、クッキー屋はつくれてもクッキーはつくれない。だから、クッキーをつくれるスタッフを雇ってお店をやっている。「お店をもちたい」のではなく、「お店屋さんならできる」いや、むしろ「お店屋さんしかできない」から始めたのだった。

わたしの場合、不足を満たすために考え尽くしてやることを決めたので、ある意味「（不足を満たすために）やりたいこと」ではある。だけど、わたしの考える「やりたいことがある人」は、内側から湧き出る、むしろ生活の手段にはできないかもしれないけどやってみたい、衝動として「これがやりたい！」がある人のことだ。わたしは残念ながらそれではない。……と思ったけど、やりたいことがないのはほんとうに残念なのか？

わたしが経営するクッキー屋にはスタッフが4人いる。採用のときに個人の能力以上に重要視しているのは、スタッフ内に「やりたいことがある人」と「やりたいことがない人」を交ぜることだ。

たとえば、スタッフMさんは、将来自分でお菓子のお店を開きたいという「やりたいことがある人」で、彼女には将来に役立つような仕事をまかせたり、お店を運営するのに必要なことを教えたりしている。同時に、彼女が個人で立ち上げたブランドも社内で展開していて、わたしはその運営も手伝っている。

スタッフKさんは、今までまったくちがう分野の仕事をしていたのだけど、何か新しいことをしてみたいと思っていた。どんな仕事でもよかったのだけど、たまたまわたしが書いているｎｏｔｅ（文章、写真、イラスト、音楽、映像などを手軽に投稿できるクリエイターと読者をつなぐサービス）を読んで「この人はおもしろそうだな」という理由で「働きたい」と言ってくれた。彼女は「やりたいことがない人」で、Mさんのやりたいことの話をして「わたしのお店の仕事だけだと作業ばかりでつまらないかもしれないから、Mさんのやりたいことを一緒に考えたり動いたりしてほしい」と言ったらよろこんでくれたので、働いてもらうことにした。

つまり、社内の4人のスタッフはふたつのブランドの商品をどちらも製造し、わたしのブランド（量産型で作業メイン）と、Mさんのブランド（表現型でいろいろチャレンジする）の両方を経験できるようにした。

「やりたいことがない人」も、やりがいは欲しくて、やることに意味が欲しい。あなたがいるからたすかる、あなたがいないと困る、いてくれてよかったと言われたい。

なんとなく「やりたいことがある人」や、夢に向かってすすむことが良しとされる風潮があるけれど、やりたいことがないからといって嘆くことはない。それに、「やりたいことがある／ない」の傾向は、自分の意思で突然変わったりはしないのではないか。

夢中になる能力があるやりたいことがある人を「夢組」だとしたら、やりたいことがない人は「叶え組」だ。

このふたつは組み合わせてチームになるといい。仕事でも夫婦でもなんでも、自分にない能力をもっている相手を大事にできると、お互いに力になれる。自分が「夢組」なのか「叶え組」なのかがわかっていれば、無理して自分とはちがう何者かになろうとしなくてすむ。

わたしは「叶え組」なので、やりたいことがある人のたすけになれる。気持ちはつよいけどやり方がわからない人に、手段や優先順位を一緒に考えたり見せてあげることができる。それがわかってから、自分のその能力は単なるおせっかいではなく、「叶え組」のつよみだと堂々と言えるようになった。「やりたいことがない」わたしがいると、きっといいことがあるよと。

あなたは「夢組」？「叶え組」？

やりたいことがある人とない人は何がちがうの？

やりたいことがある人とない人を「夢組」と「叶え組」として、やりたいことがないのは悪いことではなくて、役割がちがうだけだからチームで組み合わせるととてもいいよ、と書いた。

わたし自身が「叶え組」で、やりたいことがなくても得意なことやできることがたくさんある。だからやりたいことがなくても大丈夫。今でもそう思ってはいるのだけど、どうしてこうなったんだろう、「夢組」と「叶え組」のちがいはどこにあるんだろうと考え続けていた。

いちばん身近にいる「夢組」は、娘のあーちんだ。

あーちんは17歳の高校2年生。好きなことややりたいことがはっきりと見えていて、夢中になる力をもっている。彼女が「夢組」になった過程を17年間近くで見てきたので、すこし振り返ってみる。

わたしが23歳で子供を産んだとき、周りに子育てをしている友達がいなかったし、インターネットにも今のように情報が溢れていなかったので、「子供にとっていいこと」が何なのかよくわからなかった。子育て雑誌に「こうしましょう」と書いてあっても「ほんとうにそうなのかな？」といまいちピンとこなかった。

「子供にはこうしましょう」とひとくくりに言うけど、子供でもしてほしいことは人それぞれだろうと思ったので、乱暴な方法ではあるけど、直接娘本人に「どうしたいか教えて」と聞いていた。

泣いている子供に「泣いてもいいから、気がすむまで泣き終わったら何がイヤでどうしたいか教えて」と言ったりしていた。言ってくれればわたしが全力で解決するから、と。我ながらやり方が雑だけど。

その方法をとったのは、単純に「この人（あーちん）がどんな人なのか知りたい」という気持ちが大きかったからだ。それから、親子とはいえただの人間関係だと思っているので、親だからとか年齢が上だからとかを理由に相手を動かそうとしないで、できるだけ対等でいたかった。

そんなわけで「どうしたいか言ってね」ということに関してだけ幼少期からスパルタ教育をしてきたので、彼女は小さい頃からわたしになんでも伝えてくれた。

あーちんが3歳の頃、わたしが働いていた会社の社員旅行に連れて行ったとき、旅行中にわたしのところに来るのは寝るときだけで、それ以外は、別のおとなたちにくっついて仲良くしていた。

寝る前にその話をしたら、彼女は「近くにいなくていいから、ちょっと遠くで見ててほしいんだよねー」と言っていた。ほんとうにそうなんだろうなと思ったので、望み通りあまり近くで見ずに、でも「見てるよ」ということだけは伝えるようにした。

「見てるよ」を伝えるのは「ここがすごいね」「これが好きなんだね」と褒めることと同意だった。わたしは彼女をよく褒めてきたと思う。「褒めること」と「理解」はセットで、知りたいという気持ちがあるからできたことだったなと今になるとわかる。

そうやって「子供がどうしたいのか言う」のと「親が関心をもって見る」をくり返していたら、結果的に「欲を言語化する」習慣になっていた。「こうしたい」という欲にフタをしないですんだので、あーちんは今も自分は何が好きなのかよく知っているのだと思う。

わたしの子供の頃を思い出すと、「こうしたい」と自分の希望を言ってもいい環境ではなかった。自分のしたいようにすると「自分勝手なことをしてはいけないよ」ととがめられた。好きなものもあったように思うけど、「好き」なだけでは褒められなかった。自分よりできる人がいたら、そちらが褒められるのは当たり前だと思っていた。

大きくイヤな経験がなくても、そういう小さなことの積み重ねが自分の欲にフタをしてしまったんだろう。「こうしたい」「これが好きだ」にフタをして出さないでいると、自分は何が好きなのかわからなくなったり、何がしたいのかも誰かの反応からしか決められなくなったりする。

「やりたいことがない」「何が好きかわからない」の背景には、そういう「欲にフタをしてしまった経験」があるのだろうなとわかってきた。

「やりたいことがない」原因がわかったからといって、子供の頃に戻ってやり直すことはできない。でも、わたしはおとなになってもどうにでもなると思っている。やりたいことがないままでも、いくらでもやることを見つけられると。

「叶え組」として「夢組」の人と組んで、誰かの「やりたいけどひとりではできないこと」をチームで共有してやることもできる。

自分から湧き出る欲ではなくても、そこに問題や課題があってはじめて「困っている人をたすけたい」という動機でやるべきことが生まれることもある。

「やりたいこと」がなくても、やることは自分で決めないといけない。では、どうやって考え、どうやって決めればいいのだろうか。

「やりたいこと」ってなに?

やりたいことの要素の話

そもそも「やりたいこと」ってなんだろう？　と考えてみた。

「やりたいこと」とひとことで言ってもその中にはいろんな種類があって、人によってちがうものを指している。分解してみると、大きくふたつの「欲」が見える。

「やりたいこと」には「行動の欲」と「状態の欲」、ふたつの入り口があるのではないか。

わたしが「やりたいことがない」と言うとき、その「やりたいこと」とは、職業や仕事の内容ではなく、時間を忘れて夢中になりたい、これならいくらでもしたいというような内側からどうしようもなく湧いて溢れてくる「行動の欲」のことだった。

わたしには「行動の欲」である「やりたいこと」はないけど、「時間とお金をつくりたい」と「こうありたい」という「状態の欲」ははっきり見えていた。

だから、「時間とお金がある」状態になるために何をしたらいいか、「状態」から逆算して決めた。それが「クッキー屋さんを経営する」だった。

お菓子屋さんに就職していたときに一緒に働いていた職人さん（パティシエ）たちは、みんな「おいしいお菓子をつくりたい」という「行動の欲」の「やりたいこと」があって、そこから「修業して技術を身につけて自分のお店を出す」という目標を決めていた。

わたしから見ると、彼らの「やりたいこと」である「自分のお店をもつ」には「これをしたい」という「行動の欲」はあるけど、その先の「状態」が見えていないように思えて心配することがあった。

自営でお菓子屋さんを始めるとどんな生活が待っているのか、わかっているのかな？　始めるときにたくさんお金を借りて、毎日長い時間を使って体力勝負のような（大半が儲かりにくい）仕事を、何年も続けることを、ほんとうに望んでいるんだろうか？　と。

あれから10年経った今、自分のお店をもつという目標を達成した彼らは「毎日お菓子をつくることができてしあわせだ」と言う。お金がないとか時間がないとか問題はあるけど、お菓子をつくり続けるために工夫をしながらやっている。

「お菓子をつくりたい」という、自分がよろこぶ「行動の欲」を知っていると、それを軸に周りのことを決めることができる。身体がしんどいとか家族との時間がとれないなどの

「状態」の問題にぶつかったときに、その都度やり方をすこしずつ変化させながら、続けることができる。極端に言うと、お金がなくても時間がなくてもとにかくお菓子をつくっていればしあわせだという「行動の欲」は、続ける動機になる。

入り口はちがえど同じように自分のお店をもったわたしはどうかというと、「時間とお金がある」という望んだ「状態」をつくることはできたが、「これをしたい」という行動の欲がないままクッキー屋の経営を続けるにはすこし努力が必要だった。

さっき、「行動の欲」は続ける動機になると書いたけれど、わたしの場合、クッキー屋さんを始める動機も続ける理由も「お菓子づくりを仕事にしたい人の居場所をつくりたい」とか「お客さんがよろこぶものを提供したい」というもので、そこには「誰かがよろこぶこと」だけがあって、「自分がよろこぶこと」がなかった。

もちろん誰かがよろこんでくれることは自分のよろこびではあるものの、「行動」に直結する「自分がよろこぶこと」がないと、どんなに「状態」を満たせても続けることがむずかしいのではないか。

同様に「状態の欲」から「やりたいこと」を決める人の中には「起業したい」とか「有名になりたい」などを「やりたいこと」としている人もいる。

その場合、そこには「誰かに認められたい」とか「お金持ちになりたい」とか「モテたい」などの「状態の欲」があって、何をするかは手段であってあまり大事ではなかったりする。

ほんとうにそうありたいと願い、そのために手段を選ばないのはいいのだけれど、「こうありたい」という状態を設定するとき、自分以外の誰かを軸にして「誰かにこう思われたい」とか「誰かにこうしてほしい」としないで、「自分」を軸に考えたほうがいいと思う。

何をしたいかの「行動の欲」、どうありたいかの「状態の欲」、どちらの入り口から入っても、どちらかだけではなく両方見なければバランスがとれない。

「これをしたい」と「行動の欲」から入るとき、その先はどうなるのか、状態が悪いと苦しくて続けられないし、「こうありたい」と「状態の欲」から入っても、日々の行動が楽しくなかったりガマンをしないといけないと、それもまた苦しくて続けることができない。

自分が何をするとよろこぶのか、どうなるとうれしいのか、「行動」と「状態」の両方向から考えることは「自分のしあわせは何か」を考えるということだ。

「自分のしあわせは何か」は、100人いたら100通りあって、誰かのしあわせは自分のしあわせではないのを前提に、わたしは、自分が「こうしたい」と願うことと行動が同じ状態であることをしあわせだと思うし、逆に言うと、願っていないことをするのはしあわせではないと思う。


今やりたいことがあってもなくても、一度行き先を設定したらそれで終わりなんてことはないし、年齢や環境によって様々な変化が必ずある。

自分をよろこばせるために「自分のやりたいことは何かな?」と、なんども考え続けるのだとしたら、それは悩みというよりとてもいいことで、その都度「行動の欲」と「状態の欲」の両方から「今の自分にとってのしあわせは何か」を考えるといいのだろう。

やりたいことをやる前に、困っている自分をたすける

30歳のとき、会社を辞めようと決めて辞表を提出してから、退社して独立するまでに2年かかった。仕事上の引き継ぎに最短で2年必要だったからで、わたしはせっかちなので長いなと思ったけど、辞めてから何をやるか決めるのに必要な時間でもあった。

その2年間、何をどう考えてやることを決めたか、わたしがしたことをひとことで言えば「優先順位を決める」だった。

会社を辞めようと決めた理由のひとつは、単純にその会社だとお給料が少なくて足りないから。もうひとつは、娘のあーちんが小学校に入ってから、夏休みは長いし放課後の時間ももて余してしまうので、学校以外の居場所をつくりたかったから。一緒に探そうとしても、わたしの労働時間に拘束があると何もできないからだった。さらにもうひとつは、会社では社長の考えに沿って働いていて（当たり前だけど）、自分の意見を抑えてしまうのが苦しかったので、自分で決めたい気持ちが大きくなったのもあった。

こうして書いてみると明らかなのが、「これをしたいから辞めたい」ではなく「足りないから」「できないから」と、不足ばかりがきっかけだった。つまり、そのままでは困るから、困りたくないから、自分で決めて行動しないといけなかった。

だから、会社を辞めたあとで何をするかを考えるときも「これをしたい」ではなく、「不足を埋める」が先決だった。今の状態から、何がイヤで、どうなるといいのかを考えて、叶えたいことの優先順位を決めた。

わたしの場合は、シングルマザーなので、生活費を稼ぐこと（共稼ぎの夫婦と同じくらい）と、時間を自由に使えることが、叶えたいことの優先順位の圧倒的上位だった。お金に心配がない状態で、自由になった時間で子供と一緒に夏休みをとったり、学校以外の居場所をつくったりしたかった。それを叶えるのに必要なのは、単純にいうと「今までの半分の時間で2倍稼ぐ」だった。

難易度が高いけれど、この上位ふたつを諦めないで叶えるために、どうしたらいいかだけをひたすら考えた。これを絶対にぶれない軸にして、自分のできることの中からやることを決めた。そのとき、「やってみたいことをする」や「楽しいことをする」は、優先順位の圏外にあった。

あとになってからみると、「時間とお金をつくる」という「やりたいこと」を叶えたとも言えるけど、当時のわたしは「やりたいことをやるとか言っている場合じゃない」と思っていた。それより、まず困っていることをなくすのが先で、何が不足で何が不満でどうしたいのかを考えて、解決するので精いっぱいだった。

できるかわからないけどやってみたいことを好きにできるというのは、贅沢なことでもある。ゼロの地点から始めるには、地に足をつけて安心して始められる環境がないとできない。わたしは、ゼロ地点に満たないマイナスから、ひとまずゼロにするための努力が必要だった。

「やりたいことをする」の手前に「生きるために安心な状態」をつくる段階がある。シングルマザーのわたしにとって、それは「お金と時間が足りない」という困りごとから自分をたすけることだった。

「やりたいことがない」と思っていたけど、そこには「困っていること」があった。困っている自分を困らない状態に救いあげることができたら、ゼロ地点に立てたら、ようやくそこで「やってみたいこと」が見えるのだと思う。

わたしも、「お金と時間の心配をしなくてもいい」ゼロ地点に立てたときに、会社を辞めるときは自分にはできないと思い込んで選べなかったことも、「選んでいい範囲」の中に入れることができた。お金にならなくても文章を書くことに時間を使えるのも、そのひとつだ。

会社を辞めて独立してクッキー屋さんを開業したことを「やりたくてやっているわけじゃない」などと言うのは、この段階では「生活に困らないための手段」として決めたことだったからだ。でも、そのために2年間考えて、困っている自分をたすけることができたのは、必要な大きなステップだったと今でも思う。

手の届かない夢を追いかけたり、夢中になれるやりたいことを見つけることができなくても、すこしずつでも「このほうがいい」と思える状態になることを、そこに向かうことを、諦めないほうがいい。どんなにマイナスの地点からでも「どうなったら自分がたすかるのか」を知って、自分を救い出せるのは自分しかいないのだ。そして、どんなに時間がかかっても、困っていないゼロ地点に立てたときに、自分が何を「したい」と思うのか、そのときを楽しみにしよう。

やることを決めるための「自分のサイズと持ち物のチェック」

30歳のときに「半分の時間で2倍稼ぐ」と決められたことは、今振り返っても自分にグッジョブと言いたい。ただ、そう決めたのは、野望でもなければ憧れでもなかった。むしろしかたなく、そうするしかなかったのだ。

友人たちと旅行に行ったとき、娘のあーちんも一緒に連れて行ったので、毎回食事代をふたり分払う。もちろん旅費も宿泊費もふたり分だ。それは当たり前のことなんだけど、ふと思った。あれ、共稼ぎの夫婦の友達に対してわたしの世帯収入は半分なのに、旅行にかかわらずあらゆるシーンで常に2倍払うんだよな。そしてそれはこれから先ずっとそうなんだよな、と。

そんな経験から、共稼ぎの夫婦と同じように暮らすには「半分の時間で2倍稼ぐ」必要があるとわかった。それが最低条件だなんて厳しいなーと思ったけど、しかたがないからその方法だけを考えた。

「シングルマザーだからお金と時間がなくてもしかたがない」とガマンしないで、「シングルマザーだけど人並みの生活ができる方法」を考えるためだけに頭を使った。

これを「ポジティブだね」と言う人もいるけど、ちょっとちがう気がする。ポジティブだったら「お金がなくても大丈夫だよ！」「忙しくても楽しいよ！」と考えられるんじゃないかと思う。わたしは「お金がないと怖い」というネガティブな考えから決断できた。

「半分の時間で2倍稼ぐ」と決めたはいいが、いったいどうすればできるのか。

それを実現するには、ばくちはできない。「失敗するかもしれないし成功するかもしれない」ではダメなのだ。これはチャレンジではないのだから、絶対に叶うことしかしないと、はじめから心に決めていた。失敗、怖いし。

そこで、わたしが徹底的にしたことは「自分のサイズと持ち物を知る」ことだった。

「自分のサイズを知る」というのは、変えられない環境や「ほっといたらこうなってしまう」という性格や「こうしたい」という希望を洗い出して、自分だけのでこぼこを把握することだ。

たとえば、わたしの場合は「仕事をする時間を固定したくない」（ノってるときはいくらでもやるけど、勤務時間だからといってできない。他に大事な用事があったら優先したい）とか、「18時以降は働かない（働けない）」「あーちんと一緒に夏休みをとりたいから夏は働かない」「自分で把握できない見えない部分があるとフリーズして機能しない」などだった。

わたしはほぼマイナス要素だけど（ひどい）、人によってはもっと「これだけは譲れない」というしたいことも出てくるだろう。でも、何が出てきたとしても自分のサイズをぴったり把握するのには、嘘をつかずにわがままをすべて出し切ったほうがいい。

「自分の持ち物を知る」というのは、自分にできることを並べることだ。

「こうなりたい」という願望は一切入れず、現時点でもっているものを洗い出す。わたしの場合は「全体を把握する力」とか「おせっかい」とか「解決力」とか「機嫌よく働く」とか「メールの処理能力」とか「人使いが荒い」など。それ以外にもお菓子業界でしてきた仕事の詳細ももちろんぜんぶ並べる。誰にでもできる仕事だとしても、すべて「できること」として持ち物に入れる。

この「持ち物」の中からできることしかやらない、と決めた。「できたらいいな」「やってみたいな」は選ばない。

とにかくこの「サイズと持ち物」を書き出しながらにらめっこをした。家の間取りと家具の配置を図面の上でなんども試すように「これだったらどうかな」といろんなプランをつくった。「金銭面で継続がむずかしいから却下」などと何百パターンもつくっては壊していき、そのうちすこしずつ見えてきて、最終的にトーナメント戦で残ったのが「クッキー屋さん（店舗とオンラインで販売）」だった。

自分のサイズを、期待で盛りもしないで謙遜でサゲもせず正確に知っていると、ブカブカの服やキツキツの靴を選ばなくてすむ。合わないものははじめから選択肢にも入れない。他人に言われた「似合っていますよ」に疑惑をもたなくてすむ。自分がいちばん知っているから。

自分の持ち物を知っていると、自分が何ができるかだけではなくて、他人の持ち物と組み合わせて役に立つ方法も見える。持ち物にないものを求められて、「役に立たない」と落ち込まなくてすむ。

だから、わたしのように極端な選択のときだけじゃなくても、「自分のサイズと持ち物を知る」作業はどんな人にとっても必要だと思う。

持ち物はあとから増やせるし、サイズも変わっていく。それは、自分で変化させることではなくて、環境や他人によって変わっていくことだから、自分が「誰と」「どこで」いるとよろこぶのかも無視しないで考慮したい。

と、まあ結局は一気に決めることはすごくむずかしい。わたしも、何年経っても気がつかないうちにガマンをしたりまちがえたりして、「これがゴール」とは思えないから、サイズと持ち物をチェックしながらいつまで経っても考え続けている。

そのしつこさも、わたしの持ち物なんだろう。

やりたいことを「時間を何に使うか」で考える

「やりたいことをする」について話していると、何を仕事にするかという話や、趣味で好きなことをする話など、いろんな要素が混ざってしまい混乱することがよくある。

20代の人と「やりたいことをする」について話すと、仕事への不安や、自分の適性を知りたいという気持ちが伝わってくる。「わたしのやりたいことってなんだろう？」と悩むとき、そのほとんどが職業選択の悩みのように見える。

同じテーマについて30代の人と話すと、20代の人とはすこしちがう悩みが出てくる。単に仕事で何をするかという話だけではなく、たとえば結婚をするかしないか、子供をもつかもたないかなどを切り離して考えるのはとてもむずかしい。仕事だけで見るとじゅうぶんやりたいことができているとしても、家族との時間のとり方や、健康面の安定や、金銭面の不安がつきまとう。

それは「やりたいことはしているはず、だけど、これでいいんだっけ？」と20代とはちがう種類のもやもやした不安だ。

仕事、家族、健康、などひとつひとつの要素ごとに考えると、あちらを立てればこちらが立たず、考えれば考えるほど堂々巡りで迷子になる。20代のときは仕事か趣味かで切り分けて、多少何かを犠牲にしても問題がなかったことが、どうにもつじつまが合わなくて、どこにピントを合わせても全体像が見えなくなってしまうことが、不安につながるのだと思う。

20代でやるべきことが「得意なことを見つける」「できることを増やす」「好きなことをやってみる」「居場所をつくる」「関わりたい人を見つける」などだとすると、そのために注力するのは、とても雑な言い方をすると「目の前のことをちゃんとやる」「関わりたい人の近くにいる」だけでじゅうぶんだと思う。

30代になると、これからやりたいことを考えるときに、20代とはちがう見方をしたほうがいいと思うのだ。

どう見たらいいかというと、「何をしたいか」だけではなく「時間を何に使うか」という観点が必要だ。

仕事、子育て、家事、趣味、友達との時間、などをどれもこれも欲しい分だけ全部足したものを「やりたいこと」とすると、時間が足りなくて、ほとんどの場合できないことが出てくる。その状態を「やりたいことができていない」と思ってしまう。

また、「仕事でやりたいことができている」とすると、それ以外のことをしたいと思うのは贅沢でわがままなことだ、と思ってしまう。

だから、「自分の時間を何に使うか」を自分のキャパシティの中で（↑これも重要）割りふった時間割をつくり、その時間割そのものを「やりたいこと」としたらいいと思う。

人によって仕事の割合が多い人もいれば、子育ての時間が多い人、恋愛の時間、趣味の時間が多い人などそれぞれだけど、それ以外の時間が少なくなっても「やりたいことができている」ことになる。時間の配分がちがう人と、できている量で比べずに「自分の好きな時間割」を組めばいい。

ちがったらまた組み直せばいいし、時期によって変わってもいい。どんなに必要でも時間は増えないので、全部はムリなのは当たり前だ。「全部はムリだ」と諦めるかわりに「自分専用にカスタムした時間割をつくること」は諦めないでほしい。

極端なことを言うと、人生はただの時間だから、死ぬまでの時間を何に使うか、誰といるかがすべてだと思う。

わたしは、自分の時間をできれば気が合う人と一緒にすごしたい。やりたいことの時間割で言うと、仕事に限らずすべての時間を「気が合う人とすごす」になる。だから、相変わらず夢中になれるような「やりたいこと」は見つからないけど、「気が合う人に会えるかどうか」でやることを決めている。

その結果、その人たちと一緒にいることで、その人たちのためにしたいことが出てくると思っているんだけど、そうなったらとてもいいよね。

「やりたいこと」は、とても個人的なもので、ひとりひとりちがうし、時期によってもちがう。何かを選択するには、まず自分がどうしたいのかをよく知らないといけない。

まずは、自分を知る

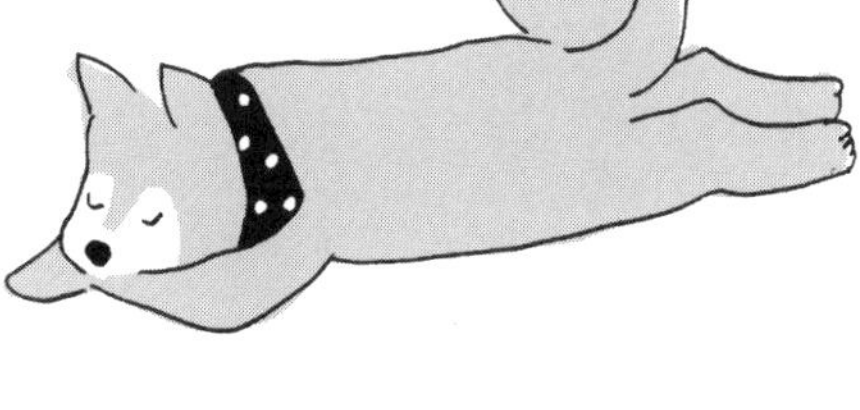

やりたいことを100個書く

子供の頃からやりたいことが見つからないわたしとは対照的に、いつも夢に向かってまっしぐらな友人がいる。彼女が書いた「やりたいこと100リスト」を見たとき、ものすごく衝撃を受けた。

そこには「揚げ物が得意になる」とか「外国人と自然にハイタッチできるようになる」とか「くびれる」など、あらゆるジャンルの欲が大集合していて、胸焼けしそうなほどだった。具体的すぎる内容とオリジナリティー、そして、それを恥ずかしがらずに書ける素直さに驚いた。

その100個を見れば、彼女がどんな人間になりたいと願っているのか、何をもって成功とするのか、どうなるとしあわせなのかが丸わかりだった。社会的に成功と言われることではなく、しておいたほうがいいことでも目標でもなく、完全に個人的な欲で、共感するものはなかったけれど、わたしのリストはどんなものになるだろう？　と気になって、書いてみたくなった。

「やりたいこと100リスト」わたしも書いてみるね！　と友人に宣言し、いそいそとノートを開いてみたものの、いざ書こうとするとピタリとペンが止まって動かない。ほんとうに、何も、書けなかった。どんな小さなことでも、現実味がないことでも、できないことでも構わないから、書くだけだから、とわかっていながらも、どういうわけか出てこなかった。塩が容器の中で固まって振っても振っても出てこないような、ないのではなくてそこにあるのはたしかなのに出てこないもどかしさは、とても苦しかった。

なぜこんなにも出てこないのかわからず、やりたいことを書き出すことよりも書けない理由のほうが気になった。小さなことからすこしずつ（あのお店に行きたいとか）なんとか書いてみながら、ペンが止まってしまうときに「なぜ書けないのか」をよく観察して、その理由を見つけようとした。

すると、こんなこと言ったらバカみたいだとか、こう思うなんて恥ずかしいとか、できるわけないと決めつけているとか、いつか誰かに禁止されたとか、出てこようとするものを抑えるフタがいくつも見つかった。

たとえば「1ヶ月ハワイに行きたい」と頭に浮かんだのに「でもそんなことできないしな」と打ち消しそうになるとき、何がフタになっているのかをよく観察すると、「節約しないといけない」とか「自分が楽しむだけのためにお金を使ってはいけない」とか「そんなに長い間休んではいけない」など、お金に対する怖れが見えてきて、なるほど、わたしはお金に対して不安があるんだな、ガマンしないといけないと思っているんだなとわかったりした。

フタがあると「こうしたい」という思いを抑えて、かわりに「ガマン」をするんだなとわかった。そして、いつのまにかガマンが習慣になり、なんなら得意になり、「ガマンづよい」ことが自分の長所だとすら思っていたことにも気がついた。ほんとうにあった怖い話だ。

未来を想像できないとき、邪魔をしているものはだいたい過去で、いつかの思い込みやガマンのフタを剥がして捉え直すことで、未来に目が向けられるようになる。

「やりたいこと100リスト」を書いてみると、自分の中から些細なものでも欲を見つけて出してあげることと、欲を抑えるフタを見つけて剥がしてあげることの、ふたつが同時にできる。

それは、転職しなくても、運命の人に出会わなくても、誰でも、ひとりで、タダで、今すぐできることだから、まずは書いてみるといい。


書いてみると、大小様々な欲を抑えるフタが見つかるけれど、いちばん大きなフタは「しあわせになりたい」という願いを抑える「自分はしあわせになれない、なってはいけない」という思い込みのフタだ。

「ハワイに行きたい」と書くのにしあわせになることを禁止しているなんて大げさな、と思うかもしれないけれど、その大ボスのフタを剝がさなければ、小さな欲も出てこなくなるのだと、ペンが止まって書けずに固まった右手でわかった。

「やりたいことを見つける」とは、運命のたったひとつの何かに突然バッタリ出会うのではなくて、小さなよろこびや自分がアガることを見つけて、それをガマンしないで、自分をよろこばせ続けていたら、気がつくとすでに手の中にあるようなものなのかもしれない。

「自分を知る」とは、「原液」を知ること

「自分を知る」とはどういうことなのか、言い換えると「原液を知ること」だと思っている。ますますわからなくなったかもしれないけど、ちょっと書いておこう。

「原液」というのは、子育てをしているときによく感じていたことで、子供が生まれてからいつも一緒にすごしながら、「自分と深く関係があるけど別の人格であるこの人は、いったいどんな人なんだろう」と不思議に思っていた。

親であるわたしの影響はもちろんあるし、遺伝なのか後天的なのかはっきり分けることはできないけど、できるだけ子供のもともともって生まれたものを知りたい、見たいと思って観察していた。

それは、ほっといたら自然にそうしてしまうこととか、なぜか選ぶものとか、感じ方の傾向とかそういうもので、それを知りたいがあまりに、いつも「好きにして」とか「自分で考えて」などと言っては、彼女がどうしたいのか、何を選ぶのか、何が好きなのかを観察していた。

今思えばちょっと意地悪で厳しくもあるが、へー、そんなふうに感じるんだなとか、これがうれしいんだなとか、これはイヤなんだな、などと「原液」を感じると、彼女がどんな人なのかをひとつひとつ知った気がして、とてもうれしかった。

おとなになるにつれ、親だけでなく友人や学校などいろんな人や環境に影響を受けて、原液の性質に外からの要素が加わって、すこしずつ変わっていく。

同時に、「どうやら自分とはちがうな」という他人を知ると、ないものを羨んだり、努力して何かになろうとしたりもする。

そういう感情やあがきは決してムダではないけれど、せっかくならもって生まれたものをうまく活かしたほうがいいと思う。

たとえば、自分の原液がコーヒーだとしたら、緑茶の人を「自分とはちがうな」と理解しつつ、緑茶になろうとしないほうがいい。ちがうから。

それよりも、コーヒーはミルクと合わせるとマイルドになって新しい味になるとか、冷やしてもおいしいとか、脱臭作用があるらしいとか、自分の持ち味や他の素材との組み合わせを考えたほうがいいと思うのだ。

そのためには、まず自分の原液の特徴を知る必要がある。知らないと、組み合わせが悪いときに、単に「相性が悪い」と思うのではなく、自分を責めて変えようとしたり、相手を責めてコントロールしようとしたりしてしまうから。

自分の原液の特徴を知っている者同士だと、とても話が早い。

僕のコーヒーは苦いけど、君のミルクと組み合わせるとちょうどいいし、ミルクに空気を含ませてふわふわにしたらもっと僕の苦味を包んでくれる。ふわふわになれる君はすごいね！　と、お互いの良いところを見つけて引き出し合うことができる。

「自分を知る」ことを「原液を知る」とわざわざ言い換えるのは、「自分を知る」というと、自分に向き合うことだけを想像してしまうからだ。

自分の原液を知るとき、大事なのは誰かに味を見てもらうことだ。

自分のことは自分ではよくわからない。誰かに「君はこんな味だよ」とか「こんな色だよ」と教えてもらう必要がある。そしてそれは、誰に見てもらうかが重要になる。

恋人や夫婦などについて「パートナーは鏡だ」とよく言われるけど、わたしは、これは単に「似ている」とか「レベルが同じ」という意味ではないと思っている。自分の姿は鏡を見ないと見られなくて、ほんとうに自分を知るためには、誰を通して自分を見ればいいのかという意味で「鏡」と言われているのかなと思う。

これは、誰に味見してもらうかというのと同じだ。

原液は人によってちがう。ただ、すこしややこしいのは、味の感じ方も人によってちがうのだ。

そして、子供の頃や若いときに「あなたはこういう味だよ」と誰かに言われたことは、かなり大きな影響がある。ほんとうかどうかは自分ではわからないから、うっかり信じてしまう。「あなたはだらしない人間ね」と言われたら、うまく掃除ができなくなってしまうように、できることもできなくなってしまう力がある。

わたしが「思い込みやガマンのフタを剥がしたほうがいい」と言うとき、それはいつか誰かに言われた言葉であることが多い。油の膜のようにつきまとう誰かに言われた言葉を、「ほんとうにそうなんだろうか?」と疑って、その相手が信じるに足るのかを見直して、どうでもいい人の言葉なら、とっとと捨てたほうがいい。

原液を知るには、自分の特徴や性質を、謙遜や過大評価せずに過不足なく知ることと、信用できる他者を通して自分を見ることの、両方が必要だ。

自分に向き合いすぎて苦しい人は、他者の目が足りていないのだと思うし、他人の目ばかり気になってしまう人は、自分の性質を捉えられていないのだろう。

自分の原液の味を想像したり、誰かに味見してもらったり、ムダな膜を剝がしたり、組み合わせを振り返ったりして、その本来の味が見えて言葉にできると、人にもおすすめできるようになってとてもいいよ。

ダメな自分とも仲良くなる

自分のことを好きか嫌いかは、子供の頃に親や身近なおとなに褒められたり認められたりしたかどうかで差が出る、という話をよく聞く。

わたしは、子供の頃におとなに褒められた経験はあまりないけれど、自分のことを好きか嫌いかでいうと、嫌いではなかったように思う。ただ、子供の頃からずっと、ハズレくじを引いたような気持ちでいた。家庭環境や、親や先生との相性や、自分の性格によってなんだかうまくいかないこともたくさんあった。

それなのに、今こうして図々しく楽しくすごせているのはどうしてかと振り返ると、今のところの答えは、わたしは自分ととても仲が良かったからではないかな、と思う。

「自分と仲が良い」というのは、自分のすることや考えがいつでも正しいと思えるとか、どんな自分でも好きだと思えることではない。わたしの場合は、それよりまず、自分が自分のいちばんの話し相手だった。イヤなことがあったときに「どうしてイヤなの?」「どうしたいの?」と一緒に考えることができた。

「自分のことを好きになる」というとハードルが高く感じられるけれど、むしろ自分のことをあまり好きだと思えないほうが、自分に対する期待値が低い分「仲良くなる」ことはできる。

自分と会話ができると、ダメな部分をよく知った上で「自分にはこういうダメなところがあるよな」とへこんだり、「また同じパターンで失敗しちゃったな」と反省したり、「次からどうしようかな」と改善したりできた。

そのときどきの感情を、期待する自分や理想の自分に合わないと、無視したり放置したりしがちだけど、感情を無視しないで、いちいち自分の中で会議をしてきた。それを習慣にしてくり返していると、「自分はこういうやつなんだよな」と、よくわかってくる。

自分と仲良くなるのは、自分が成長するためではない。ダメなやつでも、仲良くなれる。これは、他人と仲良くなるときと同じだ。前に友人が、自分がどんなにダメかを告白のように話してくれたとき、わたしは話をよく聞いて「そっか、わかった」と伝えたあとで「で、だから何？」と言った。キョトンとする友人に「ダメだからって別に何も変わらないし、なんならそんなの知ってたよ！」と笑った。その人が良質だから仲良くなるわけではない。むしろ、ダメなところがあっても、嘘をつかずにいられるほうが仲良くなれる。

同じように、自分と仲良くなるには、嘘をつかずに、本心で自分のことをちゃんと知る必要がある。期待をして盛ったり、謙遜でサゲたりしないで、過不足なくほんとうのサイズで自分のことを捉えて知ることができると、ちゃんと仲良くなれる。

自分を知ることでしか、自分を変えることはできない。現状を知ることでしか、現状を変えることはできないと思う。

自分と仲が良いと、どんな環境でどんな目にあっても、いつもひとりだけは味方がいる。どこにも行かないしいちばん近くにいつもいる。

誰にもわかってもらえなくても、自分だけは自分のことをわかっていたい。その思いで、わたしはここまでつよくなれたのだと思う。

未来を見てすすむ人と過去を見てすすむ人

自分が何をするか決めるとき、どうやって決めてきたのか、友人たちに話を聞いていたら、ある傾向が見えてきた。

人には、未来を見ながらすすむ人と、過去を見ながらすすむ人がいるのではないか。

未来を見ながらすすむ人は、自分の将来やこれから起こることを楽しみにしたり、目標を決めたり、ああなりたいと憧れをもったりして、それを原動力に前にすすむことができる。

過去を見ながらすすむ人は、自分が今までしてきたことを積み上げて、そこから材料をあつめて、これからすることを決めて前へすすむことができる。

「未来型」の友人は、人生のシナリオを自分で書くように、「これからこうなるといいな」という希望に向けて努力する。もうそうなることが決まっているかのようにすすみ、決めたことを確実にやりとげていく。

一方わたしは「過去型」で、自分でシナリオを書くようにすすめたことは一度もなく、未来は「何があるかわからない」と、自分で決めることではないように思っている。そのかわり、自分のしてきたことを歴史の絵巻物のように書ける。過去があるから地続きに現在の自分があるという思いがつよい。

ふと思い出すのは、いつか見たフィギュアスケートの演技前の選手の姿だ。羽生結弦選手は「金メダル（得点）が目標です」と言い「未来」を見て奮い立たせているように見えたし、浅田真央選手は「練習は、してきました」と言い「過去」の自分のしてきたことを自信にしているように見えた。目標達成のゴールは同じでも、タイプがちがうんだなと思った。

そのちがいを比べたいけど「未来型」の思考はわたしの中にはほとんどないので、「過去型」のわたしの経験を書いてみる。

洋菓子店で会社員として働いていたとき、「将来自分のお店をもちたい」と未来を見据え夢をもって働く人が多い中、わたしは特にやりたいことがなく、社内のあらゆる問題点を見つけて解決して回り、足りない部分を補っていたら、あっという間に10年がすぎた。その最中は、自分の仕事の役割が何なのかよくわからなかった。

悪い方向から言うと「自分のやりたいことをしていない」「あれこれやってしまい専門の技術がない」「目標や目的がない」まま時間がすぎて、さて今後どうしたものかと途方に暮れた。

でも、時間をたくさん使った分「してきたこと」はたくさんある。それがただの作業だとしても、振り返るとその中に多くの価値があった。

たとえば、お菓子のレシピとつくり方をデータに残す作業をするとき、はじめて見る人でもわかるように、つくる人の気持ち（火の加減や止めどころの不安）や時間（どんな順番でやればいいのか）を想像しながらわかりやすく簡潔に書くのは、「言葉で伝える」かなりいい訓練になっていたなと思う。

それから、常に商品をつくる職人さん、販売員さん、お客さんの全部の視点からものを見て、つくる人の効率や表現したいこと、買う人の需要や気持ち、届ける人の方法や仕組みをいつも考えていた。それは、会社の売り上げのためだったけど、ものをつくって届ける経験は身についていて、届けるものがチョコレートから文章や何か別のものに変わっても、その経験はどこでも役に立つ。

当時、社内では「いちいち考えすぎだよ」「余計な仕事を増やしている」と言われていた、自分だけが気にして手をかけていたことが、今は大きな価値になっていると思える。

「やりたいこと」じゃなくても、自分の好きなやり方でやることはできる。目の前の仕事にちゃんと向き合って自分のやり方でやっていたなら、あとから振り返ったときに「わたしはこれをしてきたよ」と言える。

「将来はこれをしたい」と言える「未来型」に対して、「過去型」の人は、それが見えないことで焦ってしまう。でも、まだ何もしていない20代には「積み上げてきた材料」がないのでしかたがない。

「過去型」の人は、20代はとにかく目の前のことにちゃんと向き合うことで「できること」を積み上げていく時期だから、「やりたいこと」がなくても大丈夫だと言いたい。逆に言うと「やりたいことではないから」と、時間をつぶすように仕事をしていると、材料はあつまらないと思う。

30代になったときに、自分のしてきたことをあつめて目の前に並べ、「さて、これで何ができるかな」「誰と組んだらいいかな」「どこに行ったら役に立てるかな」と考え、改めて「やりたいこと」が見えるといい。

と、これも「過去型」のわたしがしてきたことを振り返って書いているのだから、何歳になっても積み上げては振り返って、それを並べ替えたり組み合わせたりしながら先にすすんでいくのだろうと思う。

夢は未来だけではなく、過去の中にもあるんだよという話。

オタクとヤンキーと、どちらでもない人

自分を知るとき、他人と自分を比較してもいいことはない。それはほんとうにそう。

ただ、「誰かがうまくいっていることと自分がうまくいかないことは関係ない」「他人のことが気になるなら見なければいい」。そんな言葉を目にすると（むしろわたしも言いがちだけど）、「気になっちゃう」に対して「気にしなければいい」という答えは、やさしくないよなーと思ってもいた。

では、他人と比較しないためには具体的にどうすればいいんだろう、と考えてみた。

他人のことが気になってしまうのはどんなときかというと、自分のやるべきことができていないときと、暇なときだ。こう書いてしまうと元も子もないけど、自分を観察していると、大体このふたつなのだ。

特に「暇」はかなり大きな原因で、最大の敵だと思う。

でも、これを逆手にとって考えると、「暇」をなくせばいいとも言える。「あーなんだかやたらと他人がキラキラして見えちゃうな」というとき「暇だからだな」ということにすると（雑だけど）、解決方法は「時間を埋める」の一択になる。

他人のことが気にならないくらい時間があっという間にすぎる「夢中になれること」をすればいいんだな、ということに行き着く。

他人と比較しない方法を考えるより、自分が夢中になれることを探せばいいのかと。

だがしかし、だ。わたしは何かに夢中になった経験がほとんどない。趣味でも恋愛でも「夢中になれる」は能力で、わたしにはその力がないんだと思っていた。

何かに夢中になって時間を忘れて没頭できる人はいいなーといつも羨ましかったし、自分も何かに夢中になってみたいと思うようになったので、ここ数年「夢中になれる人」のことを観察していた。

観察していると、「夢中になれる人」にも異なるタイプがいることがわかってきた。

それは、コンテンツに夢中になる「オタクタイプ」と、仲間に夢中になる「ヤンキータイプ」のふたつだ。

「オタクタイプ」は、夢中になる対象が、人や作品や学問などのあらゆるジャンルの「コンテンツ」で、受け取る側の人もつくり出す側の人もいる。そのことについていくらでも語れるし、同じものを好きな人同士がコンテンツを通してつながることができる。

「ヤンキータイプ」は、夢中になる対象が、特定の人や地域との「結束」で、仲間と一緒に何かを達成したり、共感などの感情を通してつながったりすることができる。ヤンキーといっても暴力性の意味はここにはなく、「ウチら」という結束感や「仲間だからたすける（戦う）」というマインドのことを言っているのでご了承を。ワンピースタイプ（マンガの）とも言う。

インターネットによって「オタクタイプ」の人の居場所がたくさんできたのは明白だ。どこに住んでいても、コンテンツを通してつながる手段ができたからだ。

そして、ここ数年盛りあがっているオンラインサロンやコミュニティには、「ヤンキータイプ」の人の居場所をつくる大きな役割があるのではないかと思っている。

もちろんコミュニティにもいろいろあって、コンテンツを中心にあつまるものもあるし（ファンコミュニティや読書会など）、あつまる人を選ぶものもあれば、選ばずに誰でも受け入れるものもあるのだけど（コミュニティ論になると話がずれるのでざっくり書いて置いておく）、「人とのつながり」がうれしい人たちがたくさんいて、安心できる場所があるから自分を発揮できるんだな、と思って見ている。

見ている、というのは、わたしは「オタクタイプ」「ヤンキータイプ」のどちらにもなれないからだ。

わたしのような「どちらでもない（夢中になれない）」人はたくさんいるし、逆に「両方の要素がある」人もいる。

「どちらでもない」「どちらもある」人は、ちょっと宙に浮いたところから冷静にものごとを見ているので、当事者とはすこし距離をとり、「オタクタイプ」と「ヤンキータイプ」の間に立って、マネジメント側に回ったり、コミュニティでいうと参加者になるより運営するほうが向いていたりする。

夢中になるタイプのちがう者同士は組むといい。どちらでもない人は、チームをまとめて全体を見ることができる。ひとりでは夢中になれなくても、チームで夢中になるものを共有できる。しかも、チームだとひとりより大きな規模ですすむことができるし、いいことばかりだ。コンテンツを追いかける「オタク」と盛りあげて引っぱる「ヤンキー」、間に入って行き先や方法を見つける「どちらでもない人」は、チームを組むとてもいい。

ガマンのフタを見つける／過去から見る

諦めの呪いを、許可でとく

シングルマザーがクッキー屋を8年間営んでいるという現在の状況になって、過去を振り返ると、よくここまでやってきたなと自分を褒めたい気にもなるのだけれど、こうなろうと目指してなったわけではないし、子供のときに「大きくなったらシングルマザーになってクッキー屋さんをやりたい」と思ったことは、もちろんない。自分でもときどき「わたしはいったい何をやっているんだろう」と思うことがある。

わたしは、今まで目標に向けてすすんだことが一度もない。嗅覚だけで、いい匂いのするほうへすすんできたような気がする。常により良いほうを選んできたはずだったけど、「選ぶ」というより、そもそも他にも選択肢があるのを知らなくて、いや、知ろうとしなくて、知っている中だけで、これしかないかという「諦め」で決めていたかもしれない。ただ、そのときはちゃんと良いほうを選んでいるつもりだった。そういうやり方しかできなかった。

23歳で子供ができて結婚したとき、結婚について理想や目標が一切なくて、「こういう夫婦になりたい」「こんな家族をつくりたい」と考えたことが一度もなかった。だから、当時の夫には「結婚してもいいけど、考えたことがないから続けられるかわからない」と宣言し、「誓えないから結婚式はしない」と言って挙式もせず、ノープランで結婚生活が始まった。

ただ、わたしは、先のことはあまり考えられなくても、目の前のことを解決する能力があるので、日々はまあまあ平和にすごしていた。わたしと同様に若かった夫は、仕事の都合をつけられる立場ではなく、がんばってたくさん働くことでしか生活費を稼げなかったので、よりお給料のいい深夜の時間帯で働いていて、午後に起きて朝方に帰宅し、日中は寝ていた。そうなると当然育児はわたしがひとりでやっていたのだけど（うわさのワンオペ育児）、これが特に大変なことはなく、ひとりで楽しくできていた。夫は実際いないので期待することがなく「夫がいるのに何もやってくれない！」という不満もない。それぞれの役割をやればいいと思っていた。

育児はひとりでできちゃうし、特に困っていない。夫は仕事をがんばり、収入を得る。ケンカもなく一見平和なこのやり方ですすめていって、どうなったかというと、家の中に夫の居場所がなくなってしまった。その結果、ほどなく離婚することになった。

その流れの中では、それがいちばんいい方法だった。常に良いほうを選んできたら、そうなってしまった。

もしも、「こんな夫婦になりたい」「こんな家族をつくりたい」と理想や目標があったら、「なんかちがう」というポイントで不満が生まれたり、「もっとこうしてほしい」と夫に変化を求めたりしたのだろうか。ぶつかりながら方向をすこしずつ変えて、「あっちに行こう」ともっと先にすすめたのだろうか。

目の前の問題をひとつずつ解決して、より良いほうを選択して、たどり着いたのは、自分が望んでいた場所ではなかった。こうしかできなかったのだから、これでよかったのだと思う半面、どうしてこうなっちゃったんだろうとも思う。

わたしが選んだつもりで諦めてきたものは、いったいなんだったんだろう。「これしか知らないからしかたない」と、選択肢を貪欲に広げようとしなかったのは、なぜだろう。わたしが、「こうなりたい」と目標に向かってがんばることがどうしてもできなかったのは、自分がしあわせになることを許していなかったからだ。しあわせになるための選択肢を見つけようとしないのは、自分にそんなものは用意されていないのだと信じていたからだ。

目標を立てられないことがダメなのではなくて、自分がしあわせになってもいいと許可してあげられないことがダメだったのだ。
おそらく子供の頃から「素直じゃない」理由も同じだ。素直に、正直に、欲しいものは欲しい、好きなものは好き、したいことはしたいと認めていくと、最後に待っているのは「しあわせになりたいか?」だからだ。

しあわせになるんじゃなくて、目の前のことをしあわせと思うかどうかでしょ、などと言っては、なかなか認められなかった。今でもまだちょっとむずかしい。だけど、「自分をしあわせにするほうを選ぶ」と決めることはできるよなと思っている。

いちばんの呪いは、自分自身でかけているかもしれなくて、それなら自分でとけるはずだよっていう話。

ガマンの鎧を着ている人

自分がガマンの鎧を着ていると気がついたのは30歳だった。

もちろん生きていれば誰もがガマンをした経験はあるし、「わたしは誰よりもガマンをしてきたのよ！」と、不幸自慢をしたいわけではない。むしろ他人から見たら「じゅうぶん好き勝手にやってきたじゃないか」と言われるくらいだと思う。

自分では選べない家庭環境や経済状況でガマンすることは少なからずあったし、生まれもった見た目や体質で、他人を羨ましいと思うこともあった。比較的早いうちに子供を産んだことで、20代にガマンしたことは1000個じゃ足りないと思う。でも、問題なのはそのガマンの数ではない。

振り返ると、わたしはいつも「自分の環境や状況を受け入れてガマンする」のではなく、どういうわけか「自分はガマンしないといけない」という考えが前提にあった。だから、自分がなんかイヤだなと思うことも、誰かに傷つけられることも、向いていない仕事も、

「しかたがない」と諦めてガマンしていた。

今思うと、向いていない仕事はわかった時点でさっさと辞めていいし、大事にしてくれないと感じる人からは離れたほうがいいし、何を理由にガマンしていたのか不思議なのだけど、当時は本気で自分はそうあってしかるべきだと思い込んでいた。自己評価が低く、自己犠牲の傾向がつよく、自己肯定感が低いとはまさにこのことだという典型だった。

そんなわたしには、自分を肯定するために「ガマンしている自分を評価してほしい」という願いがあった。過去に戻って盛大にツッコミを入れたい。自分を肯定するには「ガマンしない」であるところを、「ガマンしている自分」のまま肯定しようとしていた。「ガマンづよい」は自分にとって褒め言葉だった。

「ガマンができる自分」を肯定しようとすると、「ガマンしている自分はえらい、ガマンさせる人や環境が悪い」という怒りだけが残ってしまう。

「あいつのせいでわたしはこんなにガマンしてる！」と怒っているときに「じゃあほんとうはどうしたいの？」と聞いても、「ガマンしている自分」を固定して認めてしまうと、怒りだけが残って、どうしたいかというと「怒りたい人」になってしまう。実際にわたしはずいぶん怒っていたと思う。

しかし、ある日、もうイヤだ！　とすべてを投げ出そうとしたとき、何がイヤで、何をガマンしていたのか、自分でもわからなかった。

どう考えてもほんとうはガマンしたくないし、しないほうがいい。ガマンしないといけないというのは自分の思い込みだし、自由にしていいと許可していなかったのも自分自身だった。自分を縛っていた枠を捨てようとしたときに、そんなものはないのだと気がついた。

自分では、まさか自らすすんでガマンしているとはわからず、自覚がなかったので、「わたしはたくさんガマンしている」というガマンの鎧をガチガチに着込んだ当時のわたしに「じゃあガマンしなければいいじゃん」と言っても、すんなり「そうだね」とは思えないだろう。

「ガマンしなければいいじゃん」は、それ以外ない正論なのだけど、突然キツキツの鎧をパーンと脱ぐことはむずかしいから、「もしもガマンしなくていいなら、どうしたい？」

と聞いて、すこしずつゆるめてあげたい。すべての解決は説得力より想像力からだと思っているので、まずは、ガマンしていない自分を想像することから始めるといい。

当時のわたしのようにガマンの鎧を着た人に、「ガマンしてエライね」と鎧を褒めるのではなく、「どうしたらガマンしなくてよいか」という方向で「鎧を脱ぐ」という選択肢に気づかせてあげたいと、おせっかいながら思うんだ。

あの頃の「なんかちがう」は正解だった

成人の日に、自分の成人式の日のことを思い出してみようとしたのだけど、その日に何があって誰と会ったのか、不思議なほど覚えていないので驚いた。ただ、その頃いつも抱えていた「なんかちがう」という感覚だけは覚えている。

20歳当時はまだ学生（専門学校の2年生）で、その年の4月にパティスリーに就職が決まっていた。そのお店でアルバイトをしながら、就職したら朝から晩まで長時間働いて月給14万円、休みは月に4日、怖いおとなの怖い社会、少ないお金と少ない睡眠時間、つらい仕事とつらい人間関係が待っていると怯えていた。

つらいとわかっていながらなぜその仕事を選んだのか、他にいくらでもあるだろうと今なら思うけど、当時は、仕事はつらいのが当たり前で、イヤなことをするからお金をもらえるのだと思い込んでいたのだった。

さらに、その前の年に父が脳梗塞で倒れて入院していたので、この先の自分には、乗り越えるべき壁と、ガマンする茨の道が待っているのだと身構えていたし、楽しむことをすでに諦めていた気がする。

自分は人とちがってつよくならないといけない。自分は人とちがって楽しいことをしてはいけない。自分は人とちがってガマンしなければいけない。本気でそう思っていた20歳の自分のことを、今、ほんとうによくがんばったなと思うと同時に、なんて傲慢なんだろうと思う。

自分だけ特別で他の人とはちがうのだという考えは、自分以外の人を軽く見ている。もっというとバカにしているのと同じだ。

かといって、当時の自分に「おとなは楽しいよ」と、どれだけ言っても到底信じられないだろうとも思う。自分は例外だと信じ込んでいるので、将来を楽しみにすることはないし、実際「期待しない」を選ぶほうが楽だった。困難の最中《さなか》にいながらまだ見ぬ将来の自分に期待をするのは、なかなかむずかしい。

では、20歳のわたしはどうすればよかったんだろうと振り返っても、「現在がつらい」という感情を「そんなのはつらくないよ」と否定することはどうしてもできない。見ないふりをしないで目の前の状況を受け入れて、やさぐれないで仕事や看病や人間関係をひとつずつちゃんとやることを勧めることしかできない。

その後数年間、「なんかちがう」という感覚は消えなかったし、自分の居場所はここではないどこかで、抜け出すには自分が何か行動しないといけないと思い続けていた。でも、何をすればいいのかはまったくわからなくて、ただただ「なんかちがう」を抱えていた。

ここではないどこかを夢見るなんて青くさいけれど、その「なんかちがう」は正しかったと今でも思う。怖い社会もつらい仕事も「なんかちがう」で正解だ。

その感覚から目をそらさず「では何をしたらいいか」「ではどうしたいか」と考え続けたから抜け出せた。それは、ある日突然何かが変わるのではなくて、こつこつ仕事をしてできることを増やし、ひとつひとつ信頼を得、じわじわ視野を広げて、おもしろい人に会えそうな場所に足を運んだ結果、気がつけば抜け出していた。

20歳のわたしに言えることは、やっぱり目の前のできることをちゃんとやる以外の道はないし、「なんかちがう」ならたぶん「そこじゃない」。そして、その答えは、自分の中を探してもなくて、行動した先で誰かが見つけてくれる。だからその日まですすめ、いいからすすめ。疲れたら休んで、またすすめ、と言いたい。

不満は財産、不安は鍵

会社員時代、わたしはおせっかいで解決魔なのと、在籍期間が長く年下のスタッフばかりだったのとで、社内で保健室のおば……おねえさん（20代だったし！）のような役割だった。

「何かあったらこの人に言えばいい」と頼ってくれるのは、うれしい半面、気がつくとどんどん仕事が増えているという問題もあり、「解決してあげたいけどキリがないな」という感じだった。

キリがないので、その対策として、相談に来たスタッフが「聞いてくださいよ」と話し始め、なんとなく何の話なのかわかった頃に、わたしはいつもいったん話を止めて「それは、グチ？」と質問をした。案の定キョトンとされるので、続けてこう説明する。

「それがグチなら聞き流すけど、もし解決したいなら、言い方を変えて箇条書きにしてみてほしい。○○がイヤだ、○○ができない、ではなくて、△△がしたい、できるようになりたい（けど○○が問題だ）、というふうに書き換えてください」

不満を、内容はそのままで「こうしたい」という希望に変えられるものは解決できるけど、変えられないものはただのグチだ（変えられないものは「○○さんがきらい」など）。ただのグチは友達に聞いてもらえばいいので、わたしは聞かないと決めていた。「書いてみて」と言うのも、一度各自で問題に向き合う時間をとってから、わたしの時間を使ってほしいという願いからだった。保育園のお迎えのタイムリミットがあるので時間ないし。

「不満なんて全部聞く必要ない」と言われることもあったけど、そうは思わなかった。不満はひっくり返せば要望で、「もっとこうしたほうがいい」という意見は、会社の財産だからだ。「不満」は字のごとく「満足」が不足しているので、不満をうまく掘ると満足への道につながる。

同じように「不安」は「安心」が不足しているので、「何かが不安だ」という相談のときは、具体的に何が不安の原因なのかを一緒に探る。「この仕事を続けられるか不安だ」という話を、きつい仕事だから体力が不安なのか、お給料が安いからお金が不安なのか、長時間労働だから恋愛できないのが不安なのか、その原因を突き止める。

「とにかくただ不安」という状態にいると、自分では原因がわからず、先も見えない、不安が不安を呼ぶ不安スパイラルに陥ってしまうので、「これが不安なんだね」と見せてあげるだけでもすこし安心できたりする。原因がわかれば、そこに向けて何をしたらいいかアドバイスもできる。不安は、行きたい方向を見る鍵になる。

かくいうわたしはというと、生粋のイチャモニスト（イチャモンをつける人の造語）なので、おそらく社内の誰よりもたくさんの不満があった。はじめのうちは、その不満を社長に話してみたりしたけれど、結局のところ「ここはわたしの会社ではないので、社長の考えを優先する」という結論に至る。自分が経営者になって振り返ってみると、しごく当たり前の結論だ。

では、その不満をどうしたかというと、相談に来たスタッフに話していたように「○○がイヤだ」を「△△がしたい」に変換し、リストにしてためていった。そして30歳になった年に、社長に「わたしならこうするのにな、というリストがいっぱいになったので、それ、自分でやることにしました」と話して、会社を辞めた。長年の不満は貯金のように「あとはやるだけ」の財産になっていた。

不満はためるなと言われるけど、「こうなると満足」に変換してためると財産になるし、不安は意味がないとも言われるけど、「こうなったら安心」という道への鍵になる。

目についたものすべてに文句を言うのも才能。不満も不安も使いようだ。

書き出してみる／過去を捉え直す

わかるのに時間がかかるから、わかるために書く

わたしは、わかるのに時間がかかる。

「わかる」の理解度や深度は人によってちがうし、わかりたいと思う範囲にもよるので、他人と比べることはむずかしいのだけど、自分ではそう思う。

わたしはnoteで文章をずっと書いているけれど、仕事ではないので、取材をして書くとか、決められたテーマに沿って書いた経験がほとんどない。なぜ誰にも頼まれていないし、お金にもならないのに勝手に書くことができたのか考えてみた。

はじめにわたしが書いたのは、自分が今までしてきた仕事についてだった。わたしがしてきたことはいったいなんだったんだろう。何がよろこびで、どこに価値があったんだろう。内から外に出して客観的に眺めることで整理したかった。

それから、仕事だけではなく過去の経験や感情についても、同じように書き出してみた。あのときのあれはつまりなんだったんだろう、と。

書き続けてみると、言葉にする過程でよく観察をしていることに気がついた。言葉が出てこなかったり、なんかちがうんだよなとピンとこなかったりをくり返しながら、ちょうどいい言葉を探して書く。事実や感情を過不足なく書けたときは、とてもスッキリする。

わたしの場合、ひとしきり書いたあとで「へえ、こんなのが出てきた」と自分でも驚くことが多かった。結論や構成などを考えずに書き出す素人スタイルゆえだと思うけど、これがなかなか楽しい。

そして、出してみたら、読んだ人たちがそこに価値を足してくれた。「わたしも同じです」とか「ここがおもしろいです」などの感想を受け取ると、書いてよかったなと思えた。

わたしの頭の中にはいつもたくさんの「考え途中」のものがあり、「まだわからないもの」で溢れている。

でも、「わかったら書こう」と思っていると、たぶん永遠に書けない。

考えている途中で何かに引っかかるときは、それが知識であれ感情であれ、1を知ると10のわからないことが出てくる。知れば知るほどわからないことが生まれる。

だから、引っかかっているものをそのまま書いてみる。そうすると、答えを提示する文章ではなくて、自ずと問いを共有する文章になる。

たとえばわたしの場合は、「どうして自分はやりたいことがないんだろう?」「やりたいことがある人とない人がいるのはなんでだろう?」などの疑問を、疑問のまま書き出してみた。

このときもやはり、ひとつ書くと、書けないことが、つまりまだ見えていない部分があることに気がついて、新しい「わからないこと」が生まれた。

わからないことが増えると、どんどんわからなくなるかというとそうではなく、デッサンのように、1ヶ所に影を描くと光の方向が見えてくる。「わからないこと」を影とすると、光は「わかりたいこと」だ。

わたしは、いろんなことがわからないから書くのだと思う。書かないとわからないし、グダグダと書きながらわかるまでに時間がかかるけど、わかりたい気持ちがつよいから書く。あの気持ちはなんだったんだろう、自分がよろこぶことはなんだろう、おもしろいってなんだろう、しあわせってなんだろう。

わたしにとって「わからないことがわかる」のはうれしいことで、それは完全に自分のためだけど、読んだ人にもおもしろがってもらえたりヒントになったりすることがある。

「わかりたい」や「わからない」は、誰かに頼まれることではないから、勝手に書くことができたんだな。

感情を言葉にすることの力について

小学校5年生のとき、日記を書く宿題があった。もともと日記を書く習慣があったので、それをそのまま提出した。

誰かに読まれる前提で書いていなかったので、良かったことやうれしかったことだけではなく、その日にあったことを記録するつもりで、イヤだったことや悲しかったこともそのまま書いていた。

先生がいくつかピックアップしてみんなの前で読むことがあり、ある日、わたしの日記が読まれた。

内容はくわしく覚えていないけど、何かイヤだなと思ったことについて書いたものだった。すると、クラスメイトが明らかに引いたのがわかった。悲劇のヒロインなの？　とも言われた。

おそらく、わたしは明朗闊達《かったつ》なカラッとしたいい子に見えるのに、心の中にネガティブな感情があると知って、驚いたのだろう。

わたしも「しまった」と思い、ほんとうに思っていることをそのまま出したらいけないんだな、と学んだ。そして、出さないようにしていたら、「ネガティブに思ってしまうわたしがおかしいんだ」と、感情ごと否定するクセがついてしまった。

ここ2年くらいずっと「やりたいことがないのはなんでだろう？」と考えていたら、やりたい仕事が見つからないだけではなくて、「こうしたい！」「これが好き！」「これが欲しい！」という〝欲〟そのものがあまりないということに気がついた。

これはおそらく、自分の感情を、他人の反応やジャッジに合わせてコントロールしたり、出てこないように抑えてフタをしてきたのが原因だ。

「これがしたい」「これが欲しい」ではなく、いったい何を基準に決めていたのか遡ってみると、いつも「自分にはこれがない」という不足から出発していた。みんながもっていても自分にはないものを見つけては「ないものはないからしょうがない」と諦めることがスタートだった。

「やりたいことがない」に対しても同じように、湧き上がるやりたいことがないから、じゃあ何ならできるのか？　と考えてやることを決めてきた。

それ以外でも、お金がない、学歴がない、パートナーがいない、時間がない、人望がない、自信がない、など「ないもの」を捉えて認め、「ではどうするか」を考えた。

これは、もたざる者の考え方としては前向きだし、対応としてまちがってはいないと思う。だけど、それだけではどうしても自分をよろこばせることができない。

自分で決めた道をすすんできたはずが、ふと気がついたときに「なんでこんなところにいるんだろう？」と途方に暮れた。そのときその都度、自分のできることで、より良いほうを選んできたはずが、自分がうれしいことや楽しいことにたどり着かなかった。

「感じてはいけない感情はひとつもない」
「自分の本来の感情や欲をとりもどすことが大事」

これは、2年間考えていろんな人と話をしてわかったことなんだけど、いつかどこかで自分の感情や欲を抑えてしまったフタを剝がすには、どうしたらいいのだろうか。

わたしの場合、冒頭の日記の宿題のような経験や、環境によって抑えるようになってしまった感情のフタは「好きなことを見つけよう」「やりたいことを探そう」という方法では、剝がすことができなかった。

小5の素直な日記の内容からしても根が暗いのか、どうしても「ないもの」や負の感情を見てしまう。これはたぶん性質で、もうしょうがないことだと思う。

その「ないもの」について、観察しながらしつこく書いていたら、ドーナツを描くのに穴から描き始めるように、「こうしたい」「これが欲しい」というドーナツの部分があとから見えてきた。

これはたぶん「言葉にして書く」という作業が大事で、同じように「ないもの」について考え続けるだけでは、ドーナツの部分、どうしたいのかという欲は見えてこなかったように思う。形にして出さないと、穴は空洞のままで、そこに引きずりこまれてしまうような気がするのだ。

たとえば、「やりたいことを100個書く」のように、どんなに些細なことでもいいから「やりたいこと」を書き出してみると、何かが引っかかって書けないことに気がつく。恥だったり、いつかの誰かの評価や言葉がジャマをする。それは、書いてみて手が止まって初めて気がつく。

逆に、自分ができないことやイヤなことなど負の部分を書き出してみると、そのすぐ裏にある「羨ましい」と思う気持ちや、批判のすぐ裏にある「わたしならこうする」というアイデアが見えたりする。これも、書いてみて気がつく。

感情や欲にフタをしてしまった覚えがある人は、人に見せなくてもいいから、支離滅裂でもボロボロで汚くてもいいから、言葉にして書いてみると、きっとフタの正体が見えてくるし、穴を描くことで、ドーナツが見つかるかもしれない。

書いて出すことにはそういう力があると、わたしは思う。

過去を見直すためのメガネのこと

わ、ミミズだ、と思ってピョンと跳ねるように避けた。通りすぎたあとでよく見ると錆びたS字フックだった。

こういうことはまあよくあって、なーんだ、ビックリして怖がってバカみたいだったなと思うけど、ミミズに見えた瞬間イヤだなと感じたその思いは事実で、錆びたS字フックだと気がつかなければそれは永遠にミミズで、怖い思いのままだったのだろうと思う。

真実はどうあれ。

前に、人には未来を見てすすむ人と、過去を見てすすむ人がいるのではないかと書いた。わたしは「過去を見てすすむタイプ」で、今までしてきたことを振り返って、そこから自分ができることを探す。いろんなことをよく憶えているし、過去の出来事が材料になって自分が形成されている感覚がある。

過去と現在は地続きなので、過去で自分ができあがっているというのはまちがいではないのだけど、「こういうことがあったから今こうなっている」と、因果関係を結びつけすぎる傾向にあるなとも思っていた。
過去の出来事や誰かに言われたことに、意味をもたせすぎて引っぱられてしまい、いつしか未来を見ることが苦手になってしまったのかもしれないなと。

未来を見ることが苦手というのは、まさに「やりたいことがない」と同じなのだけど、過去と現在はつなげて見ることができるのに、現在と未来をつなげることができない。「先のことはどうなるかわからないから」と「こうしたい」と思うこともできなくなる。つまり未来は「未定」で、楽しみにすることができない。

さらに、過去の出来事が、良いことばかりではなくて、イヤなことやうまくいかないことが多かった場合（たいていの人はイヤなことのほうが記憶が濃いとは思うけど）、過去ばかり見ていると、まだ起こっていない未来についても「今までが不幸だったから、きっとこれからも不幸だ」と思い込んでしまう。まだ何も起こっていないのに、だ。
後ろ向きな考え、というのはまさにこのことだなと思う。過去ばかり見て、未来（前）を見ることができないから、過去のイヤな経験に引っぱられて、未来もネガティブな見方しかできなくなるのかもしれない。

残念ながら、過去は変わらない。不運な過去の経験に執着しているままだと、その先も含めた自分の人生は「不幸な物語」になってしまう。未来なんか見られない、という状況は、ほとんどが過去の虜になってしまっているのだ。

だからといって「過去を忘れろ、もう見るな」というのもむずかしいし不自然だ。というかできない。過去と現在はたしかにつながっていて、関係があるのだから。

では、過去にとらわれすぎずに未来を見るためにはどうしたらいいかというと、ひとつは「過去は変わらないのでしょうがない」と、諦めることだと思う。

忘れるでもなく、なかったことにするのでもなく、起きたことすぎたことはしょうがないから、いったん諦めて目を離すことで、さて、ではどうするか、とようやく未来に目が向けられるのではないかと思う。

今までの人生が「不幸な物語」だったとしても、「だからわたしは不幸です」にしないで、「だけどわたしは楽しくすごします」にする。ここから先の自分の人生を「楽しい物語」にするには、過去をどう捉えるかが重要になる。

過去のイヤな経験や思い出を、自分を苦しめる原因として見るのではなく、それがあったからこそできることの材料として見る。

たとえば、いつかの影響から、人の気持ちを先回りして気にしてしまうという場合、察することができる人は、人の気持ちがどう動くのかをよく知っているので、何かものをつくって人をよろこばせたり笑わせたり感動させたりできる人が多いし、イヤな思いをした怒りのようなものを原動力に行動できる人もいる。

文句や不満が多い人は、「これがイヤだ」をひっくり返すと「こうしたい」になる。気になってしまうことが才能で、不満はすべて材料になる。

もうひとつは、他者の力を借りることだ。

自分ひとりでは未来を見ることができなくても、誰かに頼りにされることで、自分の代わりにその人が自分の未来に期待をしてくれる。そんなかたちで、未来を見ることができる。

誰か（未来を見てすすむタイプの人）の見ている未来を一緒に見ることで、はじめは他人の未来だったものが、すすみ始めると自分の未来になっていく。これは、わたしが「やりたいことがある夢組と、やりたいことがない叶え組は組んでチームになるといい」と言う理由そのものだ。

過去を見る（見てしまう）能力や、過去の出来事はそのままでも、引っぱられすぎることなく未来を見据えるためには、過去の見え方を変えるために、メガネをとり替える必要がある。

過去も自分も変わらないけど、メガネはなんどでもとり替えることができるし、どんどんいいものに更新することができる。

新しいメガネを手に入れることができると、グチや不満も宝に見えるし、欠点は長所に見えるようになる。ミミズも怖くない。ほんとうはミミズだったのかどうかをいつまでも気にしていないで、あれはただの錆びたS字フックだったということにして、先にすむことができる。真実がどうであれ、もはやどうでもいいのだ。

メガネをとり替える方法として、過去を深刻なものにしないで、未来のための材料だと捉え直したり、自分の性質やできることを知るために書き出してみることは、少なくともわたしにとって、とても有効だった。書くことで、未来の見え方は変わってきた。

未来を見るために捨てるクセのこと

「やりたいことがない」とは、単に職業選択の話ではなく、自分の欲や感情にフタをしてしまい、好きなことやしたいことが出てこなくなってしまう状態のことだと書いた。

恋愛でたとえると、「やりたいことをどうやって見つければいいかわからない」が「出会いがなくて困っている」だとしたら、「やりたいことがない」は「誰かを好きになることができない」だ。

つまり、どこを探してどんな行動をすればいいのかという問題ではなく、その手前にある「心が動かない」「感情が出てこない」という別の問題なので、いつかどこかでふさいでしまったフタを剥がしながら、本来の感情を取り戻すのが先決だ。

心が動いたことに感情を抑えずに出した先にあるのは、「素直になる」で、それはきっと、やりたいことがない人にとって、いちばんの苦手分野だと思い当たる節があると思う（ご多分にもれずわたしもそうだった）。

素直になるとは、自分を軸に、自分のために、自分をよろこばせることができるようになることで、他人に合わせて考えを変えたり、他人の気持ちを汲んで先回りして感情を操作したりしないようになることだ。

このことを考えると、思い出すことがある。以前、知人と「どんな人と結婚したいか」という話をしていたとき、彼女が挙げたのは、収入とか職業とか家庭環境とかそういう項目ばかりで、その希望はまるごと「彼女のお母さんが娘の夫に望む条件」だった。「それはお母さんの望みで、あなたの望みじゃないですよね?」と聞くと、彼女は「わたしの望みは、お母さんがよろこんでくれることだから、わたしの望みですよね」と言った。

「誰かの望みを叶えること、誰かのために行動すること」が自分の望みで、ほんとうにそうしたいと思っている場合、その気持ちはもちろん嘘ではないけれど、「自分の軸」ではなく「他人の軸」に合わせていて、それを続けていると、クセがついてしまう。人の期待に応えることが得意になると、自分の物語をうっかり他人の期待に沿ってすすめてしまう。

他人の期待に応え続けていると、心は自然に動くものではなくて、迷惑がかからないように操作するものだと思い込んで、そのクセがついてしまい、ほんとうに自然に動かなくなってしまうのだ。
他人の軸に合わせて行動していると、誰かの行動や言動が先にあるので、未来は自分で決めるものだと思えないのかもしれない。

たしかに未来は何があるかわからないし、自分が望まないことも起こるし、もちろん思い通りにはいかない。それでも、自分の物語は自分で動かすのだと自覚していないといけない。

今まで他人の期待に応えてしまうクセがあったとして、その思考パターンを見つけたら「これはただの思考のクセで、自分が生まれつきそういう人間だというわけではない」と思える。ちがう人間になることはできないけど、クセなら、新しい習慣をつけることで、なくすことができる。

誰かの期待に応える思考になってしまったときに、「あ、またクセが出たな」と自分でわかって、「そう考えるといいことがないんだった」と、ちがう考え方をすることができる。
たとえば「相手に悪いしな……」と思ったときに、「いや、まず自分はどうしたいんだっけ？」と考えられるようになるといい。

「好きなように決めていいよ」と言われたときに、せっかく自由なのに、自分がどうしたいのかがわからないと、することを決められない。素直であることが大事なのは、できるかどうかにかかわらず、自分がどうしたいかを知っているほうがいいからだ。

また、自分の過去を捉え直してここから先の物語を自分でつくろうとするとき、用意された舞台で振る舞うのではなく、椅子取りゲームで勝つのでもなく、この世は広場で、自分の好きなように決めていいと想像することも大事だ。その広場で、好きにしていいならどうしたいか想像するのは、誰にでもできるから。

想像力と素直さを身につける／未来を見る

想像力を育てるためにしたこと

「子育てってこうだったな」と、振り返って思うことをTwitterでときどき書いている。

子育てでいちばん意識してきたのは想像力を育てることなんだけど、想像力は、自分と他者、過去と現在と未来、理性と衝動などをつなぐいちばん大事な要素だし、これからの時代により必要になると思う。想像力は数値化できないのがいいところだけど、もっと底上げされるといいいな。

@sac_ring

先日、このようなツイートをしたら「子供の想像力を育てるのに具体的にどんなことをしたんですか？」と質問があったので、ちょっと書いてみよう。

想像力はどんな時代でも大切だけど、どうしてこれからの時代により想像力があったほうがいいのか。想像力は見えないものや聞こえないものに対して使われるけど、今の時代はなんでも見えてしまうので、見えていることで想像せずにそのまま信じてしまうことが多くなり、それはとても危険だと思うからだ。

見えているものを「ほんとうにそうかな？」と疑ったり、氷山の一角であるとか数あるうちのひとつであるとか、見えない部分を想像するのはとても大事だ。


子供が小さいときから一緒にしていた遊びがある。

それは、目の前にあるものをお題にして、「これがここにやって来るまでに、どんな仕事があるか」を言い合うゲームだ。

たとえばお題が「Tシャツ」の場合、「印刷する人」「デザインする人」「服屋の販売員さん」「工場からお店に運ぶ人」「布をつくる人」「Tシャツを入れる袋をつくる人」「そのビニールを開発する人」などを交互に言う。正解不正解はあまり関係なく、「あー、たしかにそんな仕事もあるかもね」という答えを思いついたほうがかっこいいという感じだった。

これを、日常のあらゆるものでやっていた。シャンプーは？　エアコンは？　雑誌は？　アイスは？　と、突然お題が出される。

くり返していると、おとなでもわからないことがたくさんあって、そういえばどうなってるんだろう？　と調べたり、想像のほうがおもしろいからそのままにしたりした（ツナ缶用のマグロを選ぶ人がいるんじゃないか、とか）。

どんなものにでもある定番の仕事もあって、たとえば「デザイナー」は答えを言うのに取り合いで、「どんなものも、この形にしようと誰かが決めているんだよな」とわかったりもした。

このゲームは、「想像力を鍛えよう」という意図がはじめから明確にあってやっていたわけではない。

もともとは、親であるわたし自身が、おとなになるまで「仕事」について知らなすぎたという後悔の念があったので、「世の中はいろんな仕事でできている」ということを、子供のうちから知っておいてほしいという思いでやっていた。

わたしが「知らない」と思っていた世の中の仕事も、もちろん同じように目の前にあった。それなのに「誰も教えてくれない」「教わってないからわからない」と思っていた。そうしている間に高校生になって、自分で決めないといけない状況になってしまった。知らないまま、知っている中からしか選べなかった。

このことをかなり後悔しているし、根にもっているけど、「なんで知らないのに決めさせるんだ」「もっとおとなは仕事について教えるべきだ」という言い分は、少々人のせいにしすぎだとも思う。

わたしは、自分で好きに選んでいいと知らなかった。知らないと選べないのに、自分の力で知ろうとしなかった。もしかしたら、自分には用意されていないと諦めて、考えるのをやめてしまっただけなのかもしれない。

過去の自分を反面教師に、子供には「自分で選んで、自分で決めるんだよ」「選ぶためには選択肢を増やすんだよ」「見えない部分も想像したら見えてくるよ」と教えてあげたかった。

想像力は、多様性を受け入れるためにも、情報の取捨選択にも必要だけど、いちばんの力は、どんな環境でも自分の世界を狭めずに、諦めないでどこにでも行けると思えることだと思う。視野を無限に広げられて、自分の世界を自分でつくれる。

というわけで、目の前のあらゆるものから広く遠くまで想像するこの遊び、ぜひやってみてね。

素直になることについて本気出して考えた

ここ数年「素直」について考えている。

なぜかというと、自分が素直じゃないままおとなになってしまったからだ。

「素直さ」というのは、幼少期に愛されて育った者に備わるもので、意識的にできるものではなく、同様に「素直じゃなさ」も、環境によってできあがってしまった、替えようのない変わることができないことだと思っていた。

おとなになるにつれわかったのは、素直じゃないことでいいことはひとつもないという事実だった。それはちょっとイヤだなーと思い、「ほんとうに変わることはできないのかな？」と考えるようになった。環境によって備わったネイティブな素直さは手に入らなくても、考え方を変えることであとから素直になることはできないか？　と。

会社員だったとき、10年以上毎年、何十人もの採用の面接をしていた。

採用のときに大事にしていたのは「素直さ」だった（自分のことは思い切り棚に上げて

いる)。経営者の知人と採用について話していても「会社に欲しいのは素直な人」と言う人はとても多い。

ここでいう「素直さ」というのは「言うことを聞く」とか「言う通りにする」という意味ではなくて、批判や違和感も含めて「自分の感情や考えを、自分のものとして大事にできるかどうか」ということだ。

それができると、他者の考えも自分の考えと同じように大事にできるし、逆に言うと自分の考えを知らないと、人(会社)のせいにするからだ。

自分の考えをどこでどう出すかはセンスが問われるけど、それはあとから学ぶことができる。

だけど、「普通はこうでしょ」「会社はこうすべき」と、自分の考えではないものを軸に動かそうとする人は、他者や組織の粗探しを続けることで自分を保とうとするので、あとからいい方向に変わることはあまり望めず、お互いにしあわせではない。

これは、まさに素直じゃなかった自分にも思い当たることがたくさんあって、「わたしはこうしたい」という意見は、自分の考えなのに「こうしたほうが会社のためだ」と表現することが多かった。

会社のためなら悪くないじゃないかと思うけど、そのすぐ裏には「会社のためにやっているのに」という思いがいつもあったように思う。経営者になった今、どんなにできるスタッフだとしても、そんなふうに思われると、ややしんどい。

「素直じゃないこと」と「人のせいにすること」はセットだ。

たとえば、「好きなのに好きじゃないことにする」という典型的な「素直じゃなさ」は、その裏に「どうせ自分の思いは叶わない」といういつかの経験があって、それはしかたがないかもしれない。

だけど、「自分の思いより先回りして相手の思いを汲んで大事にする」というのは、言い方を換えると「相手のせいにしている」ってことなのだ。厳しいけど。

いつかの経験から、自分を守るために生まれた考え方のクセや行動パターンはなかなか手強く、思いがつよい分「そう考えてしまうのが自分だ」と捉えてしまう。

そういう経験からくる考え方は、経験は変えられないので、見る方向を変えるしかない。

今まで「相手がどう思うか」だけを大事にしてきたのを「相手のせいにしない」「自分の欲や考えを知る」にフォーカスして、経験とは切り離して考えてみることはできる。そして、それを習慣にすると、結果的に「素直さ」が手に入る。

「素直さ」に必要なのは、人の言葉や気持ちをそのまま受け取る姿勢だと思いがちだけど、それよりも「自分を知ること」と、そこから目を逸らさない勇気が必要なんだと思う。


誰かの反応や社会の評価を切り離して「自分がどうしたいか」を知るのは、それをしてこなかった人にとってなかなかむずかしい作業だけど、そこにしか道はないなとわかってきたので、ここ数年修業のごとく続けてきた。

「こう考えたらいいよ」と言うと「それができれば苦労しないですよ」と言われるけど、苦労しようよ、と思う。ガマンじゃなくて苦労ならしようと。その苦労の先には、ちゃんといいことが待っているから。


まだまだわたしも道の途中だけど、「後天的に素直さを手に入れることができる」というのは「素直じゃない界」にとっては革命だし、ものすごくクリエイティブだと思う。

この過程の言語化が、誰かにとって今後の道をつくるきっかけになるといいな。

「自分なんて」に足すものと引くもの

「他人の目が気になってしまう」「自分なんてと考えてしまう」人は大勢いる。わたしもそのひとりだった。

むしろ幼少期から20代までずっと、自信がない人の見本のような考え方だったので、「他人の目が気になる」という人に「そんなの気にしなければいいじゃん！」とはとても言えない。

自然に〝そう思ってしまう〟ことを良くないものだと抑えつけて、嘘のポジティブで身を守るのは危険だし、どんな感情であれ、そう思ってしまうに至る原因があって、それを否定してなかったフリをして生きるのは、自分の人生ではなく「他人になること」だから、それは良くない。

「自分なんて」と自分の価値を低く見積もってしまう状態は「自己肯定感が低い」と言われている。

自己肯定感とは……

自己価値に関する感覚であり、自分が自分についてどう考え、どう感じているかによって決まる感覚です。そのままの自分を認め受け入れ、自分を尊重し、自己価値を感じて自らの全存在を肯定する「自己肯定感」の感覚は、何ができるか、何を持っているか、人と比べて優れているかどうかで自分を評価するのではなく、そのままの自分を認める感覚であり、「自分は大切な存在だ」「自分はかけがえのない存在」だと思える心の状態が土台となります。

日本セルフエスティーム普及協会HP「自己肯定感とは?」より

わたしは、自己肯定感が低いのを高くしたほうがいいとは思わない。生まれもった性質や環境から当たり前のように自己肯定感をもっている人に憧れて、「あの人みたいになろう」とすることは、前向きな行動に見えて〝あの人みたいにポジティブに思えない自分〟ばかり見えてしまって、自己否定がすすんでしまうのではないかと思うからだ。

とはいえ、わたしはずっと変わりたかった。自己否定の傾向がつよく「わたしなんて」と思っていると、思考も行動も負のループに巻き込まれて、ぜんぜんいいことがないなーと気がついたからだ。

自己肯定感が低いままで、自分をより良くすることはできるんだろうか。素直さや正直さを、あとから手に入れることはできるんだろうか。できるかわからないけど、とにかくやってみようと、ここ数年はそれをテーマに考えてきた。

生まれ直さずに自分がより良いほうに変わるには、何を足して何を引けばいいのか。

足すのは、知識と、新しい視点。

引くのは、感情を抑圧するフタと、思い込み。

「自分なんて」と思ってしまう原因は人それぞれだけど、何かをきっかけに、またはじわじわと「自分には価値がない」と思うようになってしまう。そして、その思考回路の先で「自分は人に迷惑をかける」「自分は人に愛されない」などの思い込みがつよくなっていく。

そうなってしまった原因は、ほとんどの場合他者との関わりの中にあるので、そこで植えつけられて育った「価値がない」「愛されない」「嫌われる」「迷惑をかける」という価値観は〝他者にとって〟だ。それを信じると、すべてのことを他人基準の視点で見るようになってしまう。「他人の目が気になる」は、おそらくここからきている。

他人の考えや気持ちは、自分のことではないので正確にわかるはずがない。雑に言うとすべて「思い込み」で、まだ現実には起こっていない想像に傷ついている状態だ。すこし厳しい見方をすると、他人の目が気になると言いつつ、実際には自分の頭の中だけで展開されていて、他人のことなどすこしも見えていない状態だとも言える。

他人の目を基準に考えるクセがつくと、「自分の感情は相手に影響がある（主に悪影響）」と思うようになってしまう。しかも想像なので、いくらでも悪いほうに考えられる。まさに負のループにはまり「自分なんかが好きだと言うと迷惑だ」「自分なんかがよろこんでも相手はうれしくない」「自分なんかが怒ったり悲しんだりしたら相手に悪い」と、自分の感情を悪いものだと捉えるようになる。

そうして本来の感情を自分で許可することができずに、出してはいけないものとしてフタをすることになる。

好奇心や、怒りや、よろこびなどあらゆる感情にフタをすると、その抑圧から知らないうちにガマンするクセがつく。その結果「何が好きかわからない」「やりたいことがない」「イヤなことをされても怒れない」につながるのではないかと思っている。少なくともわたしはそうだった。

他人の目を基準にした思い込みと、感情へのフタを捨てるのは、ガマンするクセをなくすためと、その前に何にガマンをしているのかを知るためだ。

「素直」の正反対にあるのが「ガマン」だから。

わたしは、「やりたいことがある人とない人がいるのはなんでだろう？」「どうしてわたしにはやりたいことがないんだろう？」という疑問が湧いて、しばらく考えていた。

自分の過去を遡って解明していくうちに、その原因に自己肯定感の低さや考え方の偏りが見えてきて、ここ数年のテーマ「自己肯定感が低いままでも素直になれるのか」と重なった（気になるテーマは深層でつながっているものだな）。

「やりたいことがない（またはある）」というのは、人の欲と居場所の話だと思っている。

より良くなるために「足すのは、知識と、新しい視点」と書いたけど、足すためにはまず、自分のことをよく知らないといけない。感情や欲へのフタや思い込みを剝がさないと、新しいものは入ってこない。

自分のことを「どうせわたしはこうだから」と斜めに偏った捉え方をしていると、何が足りなくて何を足すべきかが見えてこないからだ。

自分のことを過不足なく捉えて知ることができると、それがどんなにデコボコでも、出すだけで誰かの役に立ったりそこに居場所ができたりする。

「自分なんて」と思ってしまう原因の思い込みを剝がしていく作業は、もちろん口で言うほど簡単ではないし、道のりは長い。

それでも、自分の人生を自分でつくるにはその道しかないと思う。というか、道の先に居場所ができて、その道を自分でつくっていいというのは、希望よね。

素直でいるための他者と居場所

正直であるために、誰と一緒にいるか

年が明けたとき、毎年同様に「これをやりたい」と目標は立てられないけど、「どうありたいか」を考えたら、俄然「正直でありたいな」と思った。

正直でありたいし、正直な人が好きなんだけど、どんな人のことかというと、単に嘘をつかないとか隠しごとをしないだけではなく、思ったことを全部口にしてしまう人のことでもない。

正直な人とは、自分の感情、欲望、知と無知を過不足なく捉えていて、他人にどう思われるかで自分の考えや振る舞いが変わらない人のことだ。

正直であるためには、他人の視点や評価に左右されず自分の軸をしっかりもってブレないことが大事だけど、「わたしの軸はここで変わらないから、あなたが合わせてね」と、自分勝手なわがままを通して周りをコントロールしようとすることではない。

正直とわがままはどうちがうのか。正直とわがままについて考えていたら、西川美和さんの『永い言い訳』のラストシーンの言葉を思い出した。

人生は、他者だ。

西川さんはこの作品についてのインタビューで、「この物語は〝人生は自分だ〟と思っていた人間が、〝人生は他者である〟ということに気づいていく物語だ」と話していた。

自分の軸がしっかりとあるが、自我がつよく固いがために他人を見下したり、自分の都合でコントロールしようとするのは、「自分はこうである」と自己完結してしまうからなのではないか。

「自分はこう」「この人はこう」「世界はこう」と自己完結することで、視野が凝り固まり、自分の枠にはまらないものを否定して排除し、相手や環境をコントロールする。それは〝正直〟ではなく〝わがまま〟だ。

正直とわがままのちがいは、「自分のため」だけではなく「相手のため」という他者を思いやる視点があるかどうかなのかもしれない。

とはいえ、もちろん人生の主人公は自分だ。それに、自分を変えたくてもなかなか根本は変わらないことを、年を重ねるうちに実感する。

でも、誰かと一緒にいることで新しい自分が引き出される経験は、何歳になってもある。置かれた場所や立場によって、その都度ちがう自分がいる。

ある人の前ではしっかり者で頼りがいのある自分になったり、ある人の前では萎縮して無口になったり、ある人の前ではリラックスしてぼんやりできたりする。

平野啓一郎さんの『私とは何か「個人」から「分人」へ』ではこう書かれていた。

自分は、誰と過ごす時間を多く持つべきか？　誰と一緒にいる時の自分を、今の自分の基礎にすべきか？　愛とは、「その人といるときの自分の分人が好き」という状態のことである。

自分は他者によって引き出されるものなら、相手が誰でも自分を固く曲げずにわがままを通すのではなくて、自分の感情や考えを出しても大丈夫だ、受け入れてもらえると安心できる相手や場所を探すことが大事なのだと思う。

誰と一緒にいたいか考えるとき、仕事でも恋愛でも友達でも、好き嫌いではなくて「自分が正直でいられるか」で決めるのは、とても良い方法なのだろうな。

逆に言うと、お互いに正直でいられない関係性からは離れたほうがいい。正直さは相手の正直さを引き出すし、逆もまたしかりなので。どちらかが悪いとかではなく、偽りや不安があると相手にも伝わり、お互いに固くなってしまう悪循環に陥る（距離が離れていればお互いに本音を知る必要もないし、別にわかり合わなくてもうまく付き合えるという冷たさでもある）。

自分が正直でいるためには「この人の前では正直でありたい」と思える他者が必要だ。わたしが今年すべきことは「正直でいられる人と一緒にいること」だな。

自信がなくてもよくない？　という話

「どうやったら自信がもてるんですか」と聞かれることがあるけど、いつも「わたしも自信なんてないよ」と答える。

「自信」という言葉をどのようなイメージで使っているか、人によって多少ちがうので、調べてみると、こう書いてある。

じ‐しん〔自信〕［名］（スル）：自分で自分の能力や価値などを信じること。自分の考え方や行動が正しいと信じて疑わないこと。

「デジタル大辞泉」より

やっぱりわたしは自信をもっているとはとても言えない。でも、自信がなくても別によくない？　と思っている。

先日、ものをつくる仕事をしている友人と話していたら、その友人は数年前、わたしに「自信がなくてしんどいんだけど、どうしたらいい?」と聞いたのだという。

わたしは、「自分の仕事に自信がないと、バランスが悪い仕事を依頼してくる人が寄ってきて(仕事を安く依頼してくる、言う通りにさせようと操作してくるなど)、それを受けてしまうとさらに自信がなくなるというスパイラルに陥ってしまうから良くない。自信がなくても、とにかく敬意をもてる人の仕事だけを受けるようにしたら、その人たちのためにいい仕事をしようと努力をするし、誇りをもてるようになると思う」と言ったらしい。

そして今、その友人はいい仕事を生き生きとしていて、名だたるアーティストとコラボなどもしている。彼女は、とにかく「断ること」をがんばったと言っていた。

自分の発言はえらそうで恥ずかしいけど、そうなんだよね。自信がないからといってイヤなことをしてはいけない。それだけでいいと思う。


それから、わたしはよく「自信がないことは相手には関係ないよ」と言う。

自分の能力を信じられないとしても、相手が自分に向けてくれた好意や期待や信頼は相手のもので、自分の都合で受け取らないのは失礼なことだ。自信をもつのが先なのではなくて、相手に敬意をもつのが先だと思う。

「自信がない」と言う人の多くは、そのあとに「だから〜できない」と続く。そしてそれは、大体できなかったときに自分が困るのではなくて相手に迷惑がかかると思っているし、自分の行動よりも他人にどう思われるかのほうが大事だったりする。

自分の行動を信じるかどうかと、他人にどう思われるかを関係ないものとして切り離して考えることができると、自信をもつことを意識するよりも、他人の評価で動かないと決めることのほうが大事だとわかる。

わたしが「自信なんてないよ」と言うのは、自分の能力や価値を信じているかと問われると、答えはノーで、いつも自分を疑っているからだ。

自分のことだけではなくてすべてに対してそうなので、これは単にクセなのだけど、なんでも「それってほんとうかな?」と、いつも疑って考える。だから、自分の能力や行動に関しても、信じているかというと「わからない」なのだ。

それが悪いことかというと、そんなことはない。

わからないから試しにやってみるし、わからないけど「この人が言うならそうなのかも」と思える人とだけ一緒にいたいし、わからないけどこの人が見ているからもっと良くなりたいと願う。

自信がなくても、敬意をもって信頼できる人と一緒にいることと、イヤなことをしないことは、自分で選択できる。わたしはいつも自分の考えやできることを疑っていて、つまり自信はもてないけど、それでも、今のところ信頼できる人がいるので、とりあえず大丈夫だ。

自信がなくても、ないままでも、なんでもできるよという話。

誰になんて言われるとうれしいか

「人からなんて言われる（褒められる）とうれしいですか？」と、何人かの友人に質問をしたら、ほんとうにそれぞれで、その人らしくて、とてもおもしろかった。

ある人は「かっこいい」と言われるのがいちばんうれしいと言い、ほかの人は「努力してるね」「楽しそうだね」「かわいいね」「頭がいいね」と言い、それぞれの答えがあった。

誰に褒められるかにもよるし、恋愛面で言われるのと仕事面で言われるのではうれしい言葉がまったくちがうという人もいれば、どんな人に褒められても別にうれしくないという人もいた。

今の時代は、ＳＮＳで他人の目標や努力や達成の様子なんかが目に入るから、つい比較して「自分はできていないな」と思ってしまったり、全方向でがんばっていないと足りないと思ってしまったりする。それはつらい。ＳＮＳは承認欲求を満たす場だと言われることがよくあるけど、今はそれもむずかしくなっているように思う。他人の承認欲求を満たすと自分が欠けていくような気がするのではないか。

でも、自分が人に褒められてうれしいこと、つまりいちばん評価されたいのがどこかを知っていると、それ以外の評価軸や他人の成功に惑わされなくてすむのではないかな、と考えた。どうせ承認欲求を満たすなら、全部はムリだから、ただしく自分が満たしたい部分だけを狙うのが健全なのではないかと。

そう考えてみんなに聞いてみたら、評価されたい部分はやはり人によってぜんぜんちがった。そして、それぞれの答えとその人の行動を照らし合わせてみたら、なるほどと納得することがたくさんあった。

ただし、「こう思われたい」という気持ちに合わせて行動するのは危険もある。承認欲求が大きくなって、自分の本来のしたいことがわからなくなる、他人の評価軸で動いて承認欲求につぶされてしまうようなことがある。

それは、褒められる対象が「みんな」になっているからだ。「みんなにこう思われたい」だと、どれだけ賞賛されても足りないと思ってしまう恐れがあるから。

だから、「誰に」褒められたらうれしいのかが大事だと思う。


ちなみに、わたしの場合は「おもしろいね」と言われるのがいちばんうれしいんだけど(笑わせるほうじゃなくて興味深いほうの)、それは、世間に評価されたいとかみんなに認められたいというのではない。過去に尊敬する好きな人が「おもしろい」と言ってくれたことが、「あの人がそう言ってくれたから大丈夫だ」とお守りみたいになっているので、わたしにとって「おもしろい」が大事なんだなとわかった。

それは「自分の価値はそこにある」と思っている部分だということで、つまりわたしは、容姿や知識や努力の数や所属やステイタスではなく、自分の頭で考えたことに価値があると思っているということだ。


「あなたの価値はどこにありますか?」と聞かれても、謙遜したり自己評価が低かったり照れたりして、きっとすんなり出てこない人が多いと思う。

自分で自分を褒めるとか認めるというのは、とても大事だけど、できない人にとってはとてもむずかしい。自分が何でよろこぶかを当たり前のように知っていて、他人に言われなくても自家発電ができる人もいるけど、それは少数派だと思う（そういう人は先の質問にも「別に褒められなくていい」と答えていた。羨ましい）。

でも、自分で認めることができなくても、目の前のことをちゃんとやっていたら価値は周りの人がつけてくれるのだと思っている。そしてその評価をきちんと受け取るのは相手への敬意なので、自分に自信がなくても、相手を尊敬していればその人の言葉を信じることができる。

自分で自分をよろこばせる手段を知って、できるようになるのがいちばん良い。だけど、それを見つけるのはなかなかむずかしい。
だからまず「あの人が言ってくれてうれしかったこと」を思い出して、いったん誰かのせいにしてでも、自分を調子に乗せるといいと思う。

やりたいことがあるとかないとかについて考えていて、いろんな人に「どうして今の仕事を選んだのですか？」「それが得意だといつ気がついたんですか？」と聞いたとき、かなり多くの人が「たまたまあの人が褒めてくれたから」と答えた。

それは、小学校の先生に「上手だね」と褒められたとか、バイト先の先輩に「才能あるんじゃない」と言われたとか、些細な言葉だった。

そんな誰かの言葉をきちんと受け取って「え、そうかな、才能あるのかも」と調子に乗ってがんばることができる素直さは、とても大事なんだなとわかった。

相手の言葉を素直に受け取ることができるように、素直でいられる人と一緒にいるのが大事だなとも思った。

自分ががんばれていないなと感じるとき、何をがんばればいいのかわからなくなるとき、自分の泉にやる気が自然に湧いてこないなら、しょうがないからいつかの誰かの言葉で潤して、騙し騙しやっていくのもいいと思うよ。

「人に期待しない」の正しいやり方

「俺は人に期待していないから」と言いながらめちゃめちゃ期待してるじゃないですか、と思った話。

「人に期待しない」というのは、人生を軽やかにする方法としてよく聞く言葉だ。だけど、その使い方や捉え方に、もやっと違和感を覚えることもよくある。

「どうせ俺をバカにしているんだろう」「どうせ何を言っても口だけだろう」「どうせ俺が困ってもたすけないだろう」と、「どうせ」のオンパレード。そして「それが俺にはわかっているから、はじめから期待しないんだ」と言う。

このように「人に期待しない」というのは「どうせ裏切られるから信じない」という意味で使われることがある。

でも、いやいやいや、それめっちゃ期待してるじゃないですか、と思う。

裏返せばそれらはすべて、「認めてほしい」「信じたい」「たすけてほしい」「愛してほしい」と叫んでいるようにしか聞こえない。

「愛してほしいけど、愛されなかったときにショックが少ないように期待していないことにする」というだけのことだ。

わかりすぎるほどにわかる。もやっとするというのは自分にも身に覚えがあるからで、まさにわたしも20代はまちがった意味で「人に期待しない」と思っていた。

ドラマ『カルテット』の中でこんなセリフがある。

悲しいより、悲しいことってわかりますか？
悲しいより悲しいのは、ぬか喜びです。

ドラマ『カルテット』第2話より

自分が描いた未来と現実がちがったとき、その落差が大きければ大きいほど悲しい。「思ったのとちがう」は悲しい。ぬかよろこびは悲しい。「浮かれてしまってバカみたいだな」「期待した自分が悪かったな」と思ってしまう。

受け止めてくれると期待して飛び込んだプールに水が入っていなくて大怪我をしたり、一緒に走っていると思って振り返ったら誰もいなかったり、そういう経験は誰にでもあると思う。怖いし、もう同じ思いは二度としたくない。

でも、だ。傷つくことを防ぐための「期待しない」は「好きだけど好きじゃないことにする」「楽しみだけど楽しみじゃないことにする」という単なる感情の抑圧でしかない。

そして、それをくり返していると、ほんとうに楽しみなとき、好きなものや人に会ったとき、心が動かなくて、ほんとうはどう思っているのかわからなくなってしまう。

ではどうしたらいいのかというと、わたしは「他者を大事にすること」だと思う。

人に期待しないというのは、他人は自分の思い通りには動かないと知ることだ。

「思ったのとちがった」と傷つくのは、自分の思い通りにいかなかったことへのショックだ。

そのときに、ショックを減らすための「期待しない」ではなく、相手がどんな選択や行動をしても尊重することで、他人の意思はその人のもので、自分の思い通りにいかないことを認めると、ショックを受けたとしても、自分を否定しなくてすむ。

たとえば先の「どうせ俺が困ってもたすけないだろう」という「期待しない」は、先回りして自分を守っているだけで、相手への敬意はない。

自分がどんな状況でも、まず相手には関係ない。相手がどう思いどう行動するかは、相手が決めることだ。

相手の感情や選択を先回りして決めつけることは、相手に失礼なことだと知ると、自分にできることは「自分のことをちゃんと出す」だけだと思う。もし自分が正直に出したものに対して不誠実な対応が返ってきたら、そのときは完全に相手のせいにすればいいし、相性が悪いとわかってよかったと思う。

「人に期待しない」とは「相手を大事にする」ことで、自分に嘘をつかずに誠実に自分を出すことだけが大事になると、結果的に「自分を大事にする」につながるのだと思っている。

「人に期待しない」の正しいやり方はなかなか難易度が高いけれど、やっぱり人生を軽やかにしそうだ。

「価値観がちがう」の失敗から、大事なものを見つける

仕事を辞めるときや、恋人と別れるときなどに、よく「価値観がちがう」という理由があげられるけど、「なんの価値？」と聞くと、答えられないことが多い。

「選ぶものがちがうから不快」という不満の中には、自分が譲れない大事なものがあるから、解像度を上げてちゃんと知ったほうが後々のためにいいのにな、と思う。

たとえば仕事で、「成長を求められるのがイヤだ」と不満を感じている。自分は毎年毎日ずっと同じ作業でもよくて、とにかく穏やかに単調に働きたい、という場合、どうしてもそれが合わないしガマンできないとわかったなら、辞めて職場を変えたほうがいいと思う。でも、それを「価値観が合わなかった」のひとことですませたり、「あの会社がおかしい」と片付けるのはもったいない。

「大事にしているものがちがう」と気がつくのは、不快や不満、ガマンの中でだ。

怒りも、大事なものが傷つけられたときに起こる感情なので、よく観察すると、大事な

ものが見えるヒントになる。

「あの会社の価値観はおかしいから合わない」のではなく、「成長が大事だ」という自分とはちがう価値観の中にいたから「わたしは穏やかに単調な作業をして、成長を求められないことが大事」だとわかったまでだ。

そして、その会社が悪いのではなく、社会的価値や一般論も関係なく、相性という問題においては、自分が大事にしたい価値観を知らずに、相性の悪い会社を選んでしまったことが「まちがい」だったということになる。

自分の大事にしたいものや譲れないものを自分が知らないと、まちがいを認められず、人のせいにしてしまう。

でも、ほとんどがただの相性で「大事なものがちがう」だけだから、大事なものさえわかっていれば、次はまちがえにくい。人のせいにしないで、何を大事とするかの設定をまちがえているのは自分だと気がつくと、そのあとが楽だ。

わたしも、今までの失敗やまちがいを振り返ると、仕事でも人間関係でも恋愛でも、だいたい「大事にするものをわかっていなくて、まちがえて選んでしまった」ことが原因だし、失敗のあとは「これが大事なんだな、わたしは」と気がつく。

だから、すべての失敗について「知らなかったからまちがえたけど、今は知ったから大丈夫」と思っている。


大事にしたいものや譲れないものを知ると、しかもそれがたくさんあったり難易度が高いことだと、ぴったりな人や職場はそうそうない。でも、その希少さを知っていると「ない」ことを嘆いたり、自分を責めたりしなくてすむ。


わたしも、シングルマザーだけど「時間とお金がない」ことがイヤで、どうしてもガマンしたくなくて、「半分の時間で2倍稼ぐ」を譲れなかったのだけど、当然のようにそんな職場はないよね、と、しかたなく独立して自分で事業（クッキー屋）を始めた。

自分が大事にしたいことは、それを他人や会社に求めるのではなくて、自分でどうにかしないといけないと考えたからだ（でもそれも思い込みで、のちにガマンのひとつにもなるんだけど、それはまた別の話……）。

「シングルマザーは苦労するものだ」と思い込んで、自分の大事にしたいこと（時間をつくることやお金に困らないこと）を諦めていたら、時間もお金もないことを、会社や社会のせいにしていたと思う。

じつは、自分は不幸だという設定のほうが、人のせいにできて楽でもある。社会が悪いだけで、自分は悪くないと思えるからだ。

でも、わたしは「時間もお金も必要だ」という一点において、譲らずに考えた。大事にするものの設定をして、時間をつくること（長時間働くという解決方法をとらない）とか、お金に困らない（短い時間でもちゃんと稼ぐ）ことを諦めずに、その後の行動を選択し続けた。

大事なのは能力ではなく、その設定だったと今でも思う。迷ったときや気が乗らないときも、「これを大事にすると決めているので」と、設定のせいにすらしていたような気もする。

人のせいにするかわりに、自分の決めたことに振り回されるほうがいい。

大事にしたいものは、１００人いたら１００通りそれぞれちがうはずなのに、うまくやっている誰かのやり方だけをマネしてもしょうがない。

わたしの周りにもときどき、わたしの働き方の形だけを取り入れようとする人がいるけど、大事なものがちがうから、やり方もちがうほうがいいよと言う。わたしはシングルマザーだけど、夫がいる人は夫がいる中で考えたらいいし、それ以外の背景や叶えたいことや性質などもちがうのだから、マネしないほうがいいよと。
わたしはわたしの大事なものを大事にするために、わたしにしかできない方法でやっているので、あなたにもあなたにしかできないことがあるでしょうと言う。

同時に、大事なものを設定するには、自分のことを知らないとできないとも思う。何を大事にする人生なのかは、年齢や環境によって変化していくものだと思うので、いつも設定を直しては、ほんとうにそうかな？　と疑いながら、失敗してまちがいに気がつきながら、「これが大事なんだな」とひとつひとつ見つけていくしかない。
「ガマンのフタを剝がして欲を見つけるといいよ」とわたしがなんども書いているのも、大事なものを知って設定するために、必要な工程だからなのだ。

失敗したり、まちがえちゃったときは、大事なものがわかるチャンスだから、ひとしきり落ち込んだあとは、絶好の観察タイムだよと言いたい。そうすれば、そのあとの良いことに必ずつながっているよと。

いい雑談でちがいを楽しむ

わたしは雑談が好きだ。

「この人の言っていることがわからない」というとき、理解できない人に対して怖がったり嫌うのがいちばん楽な方法で、わたしも学生の頃は「よくわからない人」には近づかないし接点をもたなかった。オタクとヤンキーは交わらなかったし、ギャルにはギャルの友達ばかりがいた。共通の景色も言葉ももち合わせていないからだ（ちなみにわたしはCUTiE寄りのオリーブ少女だった）。

でも、「わかる人とだけいればいい」のはとても狭くて、そもそもわかり合える人なんてそういない。わたしたちはおとなになればなるほど「わかり合えること」の少なさにおどろき、ときにガッカリもする。

だから、おとなになるほどわかり合えない人との付き合い方が大事になる。わからない人に「わからないからわかりたい」と思えると、関心をもってもらえた人はうれしいし、

「知りたい」という興味関心は、いつでも友情や恋愛の入り口になる。たとえその結果「やっぱりわかんないわ〜」となったとしても、そこで生まれた対話の分だけ自分の中にはなかった色が増える。

わたしは、自分とまったくちがうわかり合えない友人とも、とても仲良くしているし、お互いを尊重できる。それはなぜかというと、雑談ができるからだ。

「雑談ができる」って、雑談なんて誰でもできるだろうと思うかもしれないけど、わたしの好きな「雑談」はふたつの条件を満たさないとできない。

まずひとつは、お互いに正直であること。

正直であるというのは、自分がどう思っているか、自分のことをよく知っていて、偽らないということ。逆に、正直でないというのは、他人の出すものによって自分が出すものを変えたり、ほんとうは思っていないことをその場に合わせて言ったり、さらにそのことに自覚がないことだ。

正直でない人は、自分が隠している、触ってほしくない部分に触れられると怒る。そうならないように、話す内容や反応をコントロールしようとする。無意識でも。

正直な人は、断固たる意志があるとか思ったことをなんでも言うのではなくて、わからないことをわからないと言えて、考えが変わったら変わったと言える。

お互いに正直だと、ちがうことが怖くないし、攻撃されないので、安心して自分の思いや考えを整えずにそのまま出すことができる。きれいにラッピングされていない相手をそのまま知ることができると、いい雑談ができる。

もうひとつは、言葉をもっていること。

言葉をもっているとは、むずかしい言葉を知っているという意味ではなくて、思いと言葉が合っているかどうかを見る感覚があることで、人に伝えるときに誤解がないよう気を配れることだ。

言葉をもっていると、なぜ好きか、なぜイヤか、どうしたいか、どう思ったかを言葉にできる。なんとなく思っているだけでは人には伝わらない。ヘタでもいいから、自分の言葉で自分の思いや伝えたいことをデザインできると、どんなにちがうものでも伝わりやすい。あなたのイスとわたしのイスはちがうのよ、というとき、ただ「ちがう」ではなく、どこがどうちがうのか細かく言えると、「それはちがうね」とお互いに認識できる。思いは見えないので、言葉を尽くすしかないのだ。

雑談は、インタビューとはちがって双方向に対等な位置に立ってする。一方的に引き出す側と答える側にならないことで、お互いに引き出し合い、交換ができる。

ふわっとした意味のない雑談の中に、キラリと光る言葉や思想が見えることがあって、それは引き出そうと思っても出てこなくて、あらかじめ用意された言葉ではないからこそ光って見える。

言葉に詰まったり何かにつよく反応してしまったりするのも、ライブ感のある雑談だから出るその人の一面で、スムーズにすすむことだけがいい雑談ではない気がする。

また、いい雑談は、側で聞いている人がつい自分も入りたくなったり、何か言いたいことが出てくる。自分のことを知るのに、他人の雑談はとても役に立つ。

雑談をしたり聞いたりすると、他人の中に自分を見つけたり、意味のないことの中に意味を見つけたり、イヤなことの中にいいことを見つけたりできる。その見つけたちいさな宝をまた誰かと交換したりするのが好きなんだな、わたしは。

わたしの好きな「雑談」をちょうど説明してくれる「対話の可能性」という文章がある。

対話は、他人と同じ考え、同じ気持ちになるために試みられるのではない。語りあえ

ば語りあうほど他人と自分との違いがより微細に分かるようになること、それが対話だ。「分かりあえない」「伝わらない」という戸惑いや痛みから出発すること、それは、不可解なものに身を開くことなのだ。

（中略）

何かを失ったような気になるのは、対話の功績である。他者をまなざすコンテクストが対話のなかで広がったからだ。対話は、他者へのわたしのまなざし、ひいてはわたしのわたし自身へのまなざしを開いてくれる。

鷲田清一「対話の可能性」より

雑談は、知っている人、数人とだけしかできないような感じがあるけど、わたしは同じことを本でもできると思っている。今までなんども本と対話や雑談をすることでたすけられたし、本に書いてある思いや経験や考えで自分の視野がどれだけ広がったかわからない。

今までは、誰かの書いた本を読むことで雑談をしてきたけど、今度はわたしが誰かの雑談相手になりたいと思って、この本をつくっている。

わたしの思いや考えをあつめた本を読んで、どこかで誰かが「この人はこうなんだ、じゃあ自分はどうかな？」と考え始めることができたら、そのための材料をたくさん用意できたら、その話し相手のようになれたら、とてもうれしい。

自分の中の「夢組」と「叶え組」

成熟とは「自分のため」と「誰かのため」をくり返してすすむこと

やりたいことがあるとかないとかについて考えていると、並行して見えてくるものがいくつかあって、そのうちのひとつが「自分のため」と「誰かのため」のバランスだ。

やりたいことがある人が、「これをしたい」と自分の欲や自己実現などの「自分のため」に始めたけど、できるようになってくると「誰かのために力を使いたい」という別のやりたいことが見えることがある。

逆に、やりたいことがない人が、「役に立ちたい」と「誰かのため」から始めたけど、その力が足りないと感じたときに「もっとできるようになりたい」と「自分のため」の視点が生まれたりもする。

この「自分のため」と「誰かのため」は、両方ともバランス良くもてるといい。だけど、うまくバランスを保ちいっぺんに両方の視点をもてる人は稀で、ほとんどの人は「自分のため期」と「誰かのため期」が交互にやってくる。そして、切り替えるタイミングで壁にぶつかる。それをくり返しながらすすんでいるのだと思う。

「自分のため」というのは、自分が好きなこと、したいこと、うれしいこと、認められたい、褒められたい、成長したい、学びたい、活躍したい、目標を達成したい、などの自分がよろこぶための要素だ。

「誰かのため」というのは、たすけたい、役に立ちたい、教えたい、あげたい、と誰かがよろこぶことで、その中にも目の前の誰かのため、チームのため、会社のため、業界のため、社会のため、などいろいろなサイズがある。

これらはどちらも必要なことで、どちらのほうが良いとか悪いとかではない。でも、どちらかに偏りすぎると、先にすすめなかったり続けるのがむずかしくなったりする。

なんだかうまくすすまないときは、「自分のため」と「誰かのため」の切り替え期で、その間の壁にぶつかっているのかもしれない。

「自分のため」の壁というのは、たとえば、自分のことを優先しすぎると周りが見えなくなったり、周りの人を操作したりしようとする。周りは自分のために動くべきだと無意識に思ってしまう。

また、評価や承認が足りないと感じたり、誰もたすけてくれないと感じたりして、目標達成のためにひとりでもっとやろうと無理をして働いてしまうこともある。

それは「自分のためだけになっていないか？」という信号だ。

「誰かのため」の壁というのは、たとえば、「こんなにやってあげたのに」と見返りが欲しくなったり、他者に軸を置きすぎて自分自身が楽しくなかったり、人の心配ばかりして自分のことがおろそかになったりする。

誰かに迷惑をかけないようにガマンしなければと自分を抑えて、自分の考えや感情が出なくなったりすることもある。

それは「誰かのためだけになっていないか？」という信号だ。


まだ始めたばかりなのに、両方とも欲しがってしまい焦ることもある。

自分にできることがまだ少ないときに「自分のため」ばかりに目がいくと、できないことや他人から認められないことに焦ってしまう。いったん損得や承認を忘れて「今は誰かのため期だ」と、誰かや会社のために何ができるか、できることを増やすための時期だと考えるといい。できることが増えたとき、感謝されたり頼られたりして、もっと伸ばそうとようやく自分のために時間を使えるようになるのだと思う。

「今は、そういう時期だ」と、じっくり腰を据える言い訳にすればいい。

自分がよろこぶことと誰かがよろこぶことは、両方がないとうまくすすまない。自分のためにつけた力は、誰かのために使うことができるし、誰かのためにしてきたことは、積み重ねて自分のできることになっていく。

これは、やりたいことがある「夢組」と、やりたいことがない「叶え組」が、組んでチームになると、お互いが力になれて伸びるのとまったく同じだ。自分の中の「夢組」と「叶え組」も、両方育てて組み合わせると、できることが増えていく。

「自分のため期」は、自分を掘って深めていく作業になり、「誰かのため期」は、「誰か」の規模を目の前の人から社会に向けて大きく広げていく作業になる。

目の前の「誰か」の役に立つことから、社会に向けてその範囲を広げるために、ひとりではできないからチームが必要になるときが来る。

自分のために狭く深く掘るだけでは、真っ暗で周りが見えなくなる。誰かのために周りを見ることで視野を広げると、できることの面積が増える。

成熟とは、「自分のため」と「誰かのため」、深めることと広げることのくり返しなのだと思う。

なんでもくり返す

誰かの悩みやグチを聞いたとき、わたしはよく「そういう時期なんじゃない?」と言う。だいたい問題を抱えているときは、その一点にグッと意識をもっていかれてしまい、視野が狭く深く偏ってしまうので、その沼から足を抜いて、すこし引いて見る視点が必要だと思うからだ。

今のことしか考えられなくなっている時間軸を、過去と未来に延ばしてみると、過去にあった問題が同じ問題のままあり続けることはほぼなくて、どうにかこうにか動いて変化しているし、すごく苦しかったことも、あとから見れば「あのときはそういう時期だったんだな」と思える。同様に今はトンネルの中でも、いつか抜けるものだと思えると、深く掘る方法ではなく、抜ける方法について考えられるようになる。

いろいろな悩みすべてに共感することはできない。わたしが誰かと共有できる景色は、「なんでも波のようにくり返す」というものくらいだ。

雑な言い方をすると、「時期」によって、アドバイスは「動け」か「休め」のどちらかになる。波が止まってしまったときは、次の波が起こるようにあがいたり歩き出したり動くしかないし、ムリして動きすぎたら、行き先や周囲の人を見失ったり、行き止まりでも止まり方がわからなくてぶつかってしまうので、無理やりにでも休んだほうがいい。

波は行ったり来たりをくり返しながら大きくなっていくので、止まっているように感じても、長い目で見て「今はそういう時期なんだな」と焦らないことも大事だと思う。動くための勇気と同じように、休んだり止まったりするにも勇気が必要なのだ。

そうして一点から引いて時間軸を延ばして見てみると、1年、2年、5年、10年と長くなればなるほど、大きい波の中に小さい波がいくつもあることに気がつく。「動く」と「休む」のように、くり返す波は他にも大小様々ある。たとえば、

・自分のやりたいことをやるときと、人のためにやるとき
・やる気があるときと、やる気がないとき
・過去を振り返るときと、未来を見るとき
・人に会いたいときと、ひとりでいたいとき

・コンテンツを浴びたいとき（インプット）と、創作したいとき（アウトプット）
・力を入れるときと、力を抜くとき
・都会がちょうどいいときと、自然を求めるとき
・スピードを出したいときと、ゆっくりしたいとき
・全部が楽しいときと、全部が怖いとき
・自分の内側に潜りこむときと、外側から俯瞰で見るとき
・自信があるときと、自信がもてないとき

そして

・良いことと、悪いこと

つい悪いことばかり覚えている傾向があるけど、良いことだけでも悪いことだけでもなく、小さいのも大きいのも両方が混ざり合ってくり返しているし、時間が経ってから見ると、出来事の意味が変わったりもする。

今起こっていることが悪いことだと思っても、もっと細かく見てみると、悪いことの中にも小さな良いことがある。もっと広い目で見てみると、悪いことも大きな良いことの中

にある。わたしは、うまくいかないときにはいつも、波がすぎるまでその両方を見てやりすごす。

全部、なんでもくり返すんだと思うと、今までどうにかこうにか生き延びてきたことはすべて自信になるし、無茶をするでも諦めるでもなく、身を委ねるという選択ができる。

これからも今までの波の続きだから、大丈夫、大丈夫、と言い聞かせながら、今日もわたしたちはみんな波の途中にいる。

どこまでを「自分」とするか

さてこれからどうしようか、と未来について考えるのがずっと苦手だったけど、最近はようやく未来について考えられるようになってきた。「叶え組」一色だった自分の中に「夢組」がすこしだけ顔を出したのかもしれない。

今までと何がちがうかというと、未来のことを考えるときの「自分のこと」の範囲や見方が変わってきたように思う。

「自分のこと」の範囲というのは、自分の内側に向けたカメラで「自分をどう見るか」と、外側を映すカメラで「世界をどう見るか」の、両方で見えるものを足した範囲のことだ。

「自分をどう見るか」というとき、自分の中にある感情や考えなど、内側にあるものが自分のいちばん近くに見える。カメラを内側に向けたまますこし離すと、経験や技術などがあり、もうすこし離すと、他人からの評価や社会での役割から自分を見ることができる。自分へのズームイン／アウトの調整ができるカメラだ。

「世界をどう見るか」というとき、外側に向けたカメラで見て、ある人は世界を変えたいと思っていたり、ある人は業界を見据えていたり、またある人は明日の献立を考えていたりする。見えているものは人によってほんとうにちがうし、どこに絞ってどう見るかは自由だ。世界を見る範囲と解像度の調整ができるカメラだ。

過去のわたしは、「自分のこと」を考えるとき、自分の内側ばかりに目が向いていて、世の中のことをよく知ろうとしなかった。どんな仕事があるのかよく知らなかったし、興味をもったことについてもっと知りたいと勉強することもあまりなかった。自分の内を掘る深さの視点はあっても、外を見る視点がとても狭く、内と外の見える範囲が偏っていてとてもバランスが悪かった。

外を見る範囲が狭かったのは、「やりたいことがない」や「好きなものがない」のと大きく関係している。ちゃんと見ようとしないのは「自分とは関係ない」と思っていたからだし、自分が何が好きでどうしたいのかを知らないと、世界を見る解像度が粗く、ぼんやりとしか見えない。

ガマンのフタを剥がして、欲や感情を取り戻していくと、自分が何が好きでどうしたいのかを知って、外の世界を見る目が変わる。好きなものが目に入ってくるし、興味が湧くともっと知りたくなって、行く場所も行動も変わってくる。

また、「自分が何をしたら誰がよろこぶのか」と、家族、友達、恋人、お店のスタッフやお客さん、そこから枝分かれした先の関係までを見わたして、どこまでを「自分のこと」とするか決めるとき、「誰かのため」がつよすぎると、その範囲を自分で決めるのがむずかしく、つい困っている人や場所の責任を背負ってしまいがちだった。

それが、自分がよろこぶ「自分のため」の視点が広がると、自分は誰をしあわせにできるのか、と同時に、自分は誰といるとしあわせなのか、と考えられるようになって、自分と関係あるものを自分で決めるようになった。

逆に、関わってもしあわせになる想像ができない範囲のことは、仕事にするときっと苦しいからしないほうがいいし、物理的に近くてもお互いにしあわせではないのなら、それも苦しいから「自分とは関係ないもの」として離れることができた。それによって「自分のこと」の視界がよりクリアになって、やるべきことが明確になった。

自分の中の「夢組」が顔を出したのは、自分自身が変わったのではなく、「自分とは関係ない」と思い込んで見ていなかった範囲が広く見えるようになって、「自分と関係ある」と思い込んで勝手に責任を負っていたものを、選び直すことで絞って身軽になったからだった。

自分はそのままでも、どこまでを「自分」とするかは、いつでも変えられて自分で決められるのだ。

自分も「夢組」と「叶え組」でできている

「やりたいことがないのはなんでだろう?」と考え始めて、そもそもやりたいことがないなら何があったのか、何をしてきたのかというと、そこには「ガマン」があった。それをなくすために、やりたいことがないからといってイヤなことをしないために、どうすればいいのかを考え続けてきた。

「やりたいことがない」というとき、文字通りないのは「やりたいこと」だから、それを見つけようとする。どこかにあるはずだと探そうとする。でも、「やりたいこと」を、仕事として何ができるかだけで考えずに、欲や感情、性質、生活(時間やお金)など、個人的なものから自分だけの希望を見つけられるように、人間を、自分を、あらゆる方向から観察し続けた。

結局、自分は自分以外の人にはなれないけど、いいことがない思考パターンや思い込みを捨てながら、気に入った考え方や素直さを探すことはできた。はじめはマネでも取り入れてみたら、元は自分から湧いて出た考えではなくても、今までフタをしてきたから出すのに慣れなくても、多少無理してでもやってみると、それが習慣になった頃には自分のものになってくるのでおもしろい。習慣によって、自分にはなかった考え方が筋トレのように身についていて、行動や周囲の反応があとからちゃんと付いてきた。

ほっとくと「どうせダメだ」と考えてしまうクセや、自信のなさも、好きな考え方を採用して、自分に言い聞かせて淡々と意思決定を続けることで、習慣づけることのほうがつよいとわかったし、習慣は思い込みをこえると知った。そして、「こうやって考えると楽だな」「こう考えて行動するといいことがあるな」という考え方の「型」は、他人にも応用できるということもわかった。

今までわたしが書いてきたことは、「こうやって考えてこうしてみたよ」というわたしの考え方で、もともとは自分のためのメモだったけど、積み重ねたそのすべては、気に入ったら試しにやってみてねと言える「考え方集」のようになった。読んだ人が「その考え方に当てはめると、わたしの場合どうなるかな?」と自分のことを考えるきっかけになるといいし、「あの考え方をしてみようかな」と実験のように試してくれるといいなと思っている。

これからも、好きな考え方を「こんなのがあるよ」とオススメして提案していきたい。みんながそれぞれ好きな服を着るように、お気に入りの靴を履くように、好きな考え方を選ぶお手伝いができるとうれしいし、好きなやり方でいいんだと思えるきっかけになれるとうれしい。お気に入りの考え方を採用するのは、誰でも、タダで、今すぐにできる。失敗してもなんどもとり替えていいし、そのやり方があったかとどんどん新しく足していけるし、いいよね。

先日、そんな話を友達にしたら、「サクちゃんはクッキー屋さんから考え方屋さんになるんだね」と言ってくれて、とてもうれしかった。

わたしは考え方屋さんになりたい。

やりたいことがない「叶え組」は、とつぜんやりたいことが見つかって「夢組」に変わるのではなくて、自分の中の「夢組」が顔を出すと、もともとあった自分の「叶え組」の力が思いきり発揮される。それまでは困っている自分をたすけるために使ったり、誰かのためだけに使ってきた同じ力を、自分のために使うだけだった。

世界は「夢組」と「叶え組」でできているし、自分も「夢組」と「叶え組」でできている。

やりたいことがあってもなくても、どんな環境でも、誰もがそうやって自分で自分をたすけ続け、自分で自分をよろこばせ続けるのだと思う。

あとがき

振り返ると、何かを考え始めてからなんとなくわかるまでに、何かしらの答えを出すまでに、いつもだいたい2年かかる。

「やりたいことがある人とない人がいるのはなんでだろう?」「やりたいことがない人はどうしたらいいんだろう?」と2年間考えながら書き続けていた。

夢がもてないとしても、すすんでいたらちゃんとその先に「これが欲しい」「これをしたい」と思えるものが「ある」と信じることが大事なのだと思う。目の前のことにちゃんと向き合って判断しながらすすんでいたら、逃げずに正直に歩いていたら、広場があるよ。そこに着いたらわかるよ。と言い聞かせてすすむしかない。

本書「夢はなくとも、地図を描く」より

これは2年前のわたしが書いたもので、切実な問いへの答えでもあるし、祈りにも近い。

そしてこの2年間、たくさん考えて、身をもって実験するように行動して書き続けてみたら、1冊の本ができた。この本はわたしの宝の地図のようだ。

「本をつくりたい」と思ったことはないし、本をつくるという目標を立てていたら、きっとたどり着かなかっただろう。先のことは見えないし、その最中には何をしているのか自分でもよくわからないけど、自分のために、自分が楽しいから、ぐずぐずと考えて書き続けていたら、うっかり人の役にも立つものができていた。

今になって振り返ると、誰にも頼まれずにほっといてもやること、仕事（お金）にならなくてもやっていたことが「考え続けて書くこと」だった。これを「やりたいこと」と言わずに何を、とおかしく思う。

夢や目標をもてない自分はそのままでも、「わたしは叶え組だからやりたいことがなくていい」と考えを止めずに、考え続けたら見えた景色があった。

わたしにとって「すすむ」とは、行動を重ねることよりも「考え続ける」ことなのかもしれない。

あるテーマについて考えていると、ひとつわかると10個わからないことが増える。そこで立ち止まらずにひとつひとつ書いては置き去りにしてすすんできた。振り返って見てみると、置いてきた種が地図の中で花を咲かせていたので、それをあつめてできた花束を手に、またこの先にすすもうと思うよ。

[著者]
桜林直子（サクラバヤシ・ナオコ）

1978年生まれ、東京都出身。都立高校を卒業後、製菓専門学校へ進学。卒業後、都内洋菓子店にて、菓子製造以外のすべての業務に携わる。2002年に結婚・出産をし、ほどなくシングルマザーに。12年の会社員生活を経て、2011年に独立し「SAC about cookies」を開店。現在は自店の運営のほか、店舗や企業のアドバイザーも務める。noteにてコラム、エッセイなどを投稿。2018年「セブンルール」（カンテレ・フジテレビ系列）出演。本書が初の著書となる。

Twitter：@sac_ring
note：https://note.com/sac_ring

世界は夢組と叶え組でできている

2020年３月18日　第１刷発行
2024年７月11日　第３刷発行

著　者――桜林直子
発行所――ダイヤモンド社
〒150-8409　東京都渋谷区神宮前6-12-17
https://www.diamond.co.jp/
電話／03･5778･7233（編集）　03･5778･7240（販売）

製作進行――ダイヤモンド・グラフィック社
印刷――――勇進印刷
製本――――ブックアート
イラスト――上路ナオ子
ブックデザイン―芥 陽子
校正――――三森由紀子、鷗来堂
編集協力――徳瑠里香
編集担当――横田大樹

ISBN 978-4-478-10996-0